Les mentalités

Q U E   S A I S - J E ?

Les mentalités

ALEX MUCCHIELLI
Professeur à l'Université Paul-Valéry de Montpellier

OUVRAGES DU MÊME AUTEUR

Cybernétique et cerveau humain, Bordas, 1972.
Psychosociologie des organisations, Ed. ESF et Ed. Tech., 1977.
Les réactions de défense dans les relations interpersonnelles, Ed. ESF et Ed. Tech., 1978 ; 2e éd., 1980, trad. en allemand et en italien.
Les mécanismes de défense, PUF, coll. « Que sais-je ? », 1980.
Les motivations, PUF, coll. « Que sais-je ? », 1981, trad. en italien et en portugais.
Rôles et communications dans les organisations, Ed. ESF et Ed. Tech., 1983.
L'analyse phénoménologique et structurale en sciences humaines, PUF, 1983.
Les jeux de rôles, PUF, coll. « Que sais-je ? », 1983.
Les mentalités, analyse et compréhension, Ed. ESF et Ed. Tech., 1984.
L'identité, PUF, coll. « Que sais-je ? », 1985.

ISBN 2 13 038834 5

Dépôt légal — 1re édition : 1985, mars

INTRODUCTION

Une mentalité est le système de référence implicite d'un groupe social, homogène du point de vue de cet état d'esprit commun, ce système de référence lui permet de voir les choses d'une certaine manière et donc d'avoir des réactions et conduites en accord avec cette perception du monde.

Une mentalité est façonnée par l'éducation, par toutes les expériences de la vie sociale, par la participation de tous les instants à divers groupes qui ont leurs habitudes de jugement et de comportement.

Dans nos sociétés complexes les éducations reçues, les expériences sociales, les groupes culturels... sont nombreux et divers et inculquent donc des mentalités différentes.

Ainsi la société est composée de groupes qui ont chacun leur manière de voir les choses. Chacun entend tout naturellement la faire partager aux autres groupes puisque, pour lui son système de référence est indubitablement le bon. Cet affrontement des façons de voir est un des fondements de la vie sociale (les mentalités recoupent donc en partie les idéologies).

L'étude des mentalités va nous permettre d'aborder des problèmes fondamentaux de la vie en société ; quelles sont les influences qui façonnent les mentalités ? Comment agissent ces influences ? Quels sont les rapports des mentalités avec les doctrines, les idéologies et les valeurs ? Comment évoluent et changent les mentalités ?

Autant de problèmes dont l'étude nous permettra de mieux comprendre les phénomènes sociaux que nous observons tous les jours.

Chapitre Premier

CULTURE ET MENTALITÉ

Comme beaucoup de termes utilisés en sciences sociales, le concept de mentalité renvoie à (et souvent recoupe) d'autres concepts.

Une mentalité ne se comprend pas sans référence à la *culture intériorisée* d'un groupe qui, elle-même, fait appel à la notion de prémisses culturelles et de personnalité culturelle.

C'est après ces quelques définitions que nous pourrons mieux comprendre ce qu'est une mentalité.

I. — La culture

Dans son sens le plus banal et quotidien, le terme de *culture* désigne une certaine forme de savoir. C'est en ce sens que l'on dit de quelqu'un qu'il a une culture technique ou scientifique s'il a fait des études d'ingénieur et d'un autre qu'il possède une culture littéraire s'il a fait des études de lettres ou s'il est passionné de littérature. Dans cette acception, *culture* renvoie donc à une certaine tournure d'esprit qui repose sur un ensemble de connaissances parfaitement intégrées lesquelles constituent les références implicites du raisonnement, des manières de voir les choses et bien sûr aussi de se comporter devant un certain nombre d' « objets » (l'ingénieur étant attiré et étant à l'aise devant tout ce qui est mécanique, technique... à l'inverse du littéraire, par exemple).

Cette notion banale de la *culture* va nous servir à élaborer la notion sociologique de la culture.

En sociologie, le terme culture désigne un ensemble d'acquis communs aux membres d'un groupe (plus ou moins vaste). Ces acquis servent de références permanentes et inconscientes pour la perception des choses, pour les évaluations faites et interviennent dans l'orientation des conduites.

Ces acquis sont plus ou moins précis et concernent aussi bien les connaissances que les idées et croyances, les normes du jugement, les conditionnements, les comportements et attitudes, les représentations et les modèles sociaux. Ils sont toujours présents et inconscients dans notre psychisme. Nous les partageons, sans le savoir vraiment, avec les membres de notre « groupe culturel ».

On peut donc dire, en paraphrasant la définition célèbre de la culture, que la culture c'est ce qu'il nous reste, en commun avec ceux de notre groupe, lorsque l'on a tout oublié. Je prends un exemple pour illustrer ceci.

« Si un ami me prête son appartement, celui-ci diffère du mien. Son agencement, sa décoration, etc., me dépayseront agréablement.

« Mais, fondamentalement, je serais en pays connu.

« Si je rentre le soir dans cet appartement, je cherche à « allumer la lumière ». Cette idée banale, inconsciente, que tous ceux de notre éducation occidentale partagent avec nous, que « la nuit dans le logis, on s'éclaire à la lumière électrique » est un acquis culturel. Cette sorte de « croyance » guide évidemment nos conduites. Elle nous fait rechercher l'interrupteur qui va faire jaillir la lumière.

« Mais, cette autre idée : « Il y a quelque part dans l'appartement un système, genre interrupteur, qui branche ou débranche le courant électrique » est aussi un acquis culturel. Je cherche donc, le long du mur, près de la porte (place culturelle), un « interrupteur ». Si je ne le trouve pas, je cherche un autre moyen de déclencher la venue de la lumière. Je cherche un interrupteur à pédale, une cellule photo-électrique devant laquelle il faut passer, un geste ou un bruit à faire... mais je ne doute pas qu'il y ait « quelque chose à faire pour allumer la lumière »...

« De même, tous les gestes quotidiens de ma vie dans ce nouvel appartement renverront à des habitudes, à des choses acquises que je partage immanquablement avec ceux de ma culture... »

Nous partageons donc des habitudes de vie, mais aussi des habitudes de raisonner et de penser. C'est ce fond commun qui constitue notre culture. Cette culture a été acquise — car je n'ai rien inventé — par ma participation de tous les instants à la vie de mon groupe d'appartenance, par ce que l'on appelle le bain culturel permanent, bain auquel nous ne pouvons échapper.

Les principes de référence implicites et les représentations qui guident donc mes conduites culturelles peuvent être positifs, comme nous venons de le voir : « il faut faire ceci ou cela... », mais ils peuvent être aussi négatifs : « il ne faut pas faire ceci ou cela... ». Ces principes négatifs sont *les tabous culturels*. Est tabou ce qui est interdit de contact et aussi ce qu'il est interdit de faire ou de penser.

« Lorsque je vois un chien dans la rue, je ne l'évalue pas spontanément en « kilos de viande », en appréciant si sa chair sera ferme ou non. Je ne considère pas normalement un chien comme un gibier. On n'a pas l'habitude culturelle de voir les chiens ainsi. C'est un mode de raisonnement rejeté, interdit. Si j'invite mes amis à manger un gigot de chien, je susciterai l'horreur, la réprobation et si je leur avoue seulement après le festin qu'ils ont mangé du chien ils auront des nausées et vomiront ce qu'ils avaient, par ailleurs, trouvé très bon. »

Il faut préciser ici que les représentations collectives (les stéréotypes, images et modèles partagés par les membres d'une culture) sont des habillages concrets de normes et de valeurs. Toute représentation collective peut alors être schématisée dans le système de valeurs qui la sous-tend. Ainsi, la culture intériorisée, faite des valeurs et des représentations, peut se ramener à un système des valeurs.

Le XIXe siècle a produit le modèle collectif du « gentleman ». Le gentleman est serviable et sait rester à distance, il est vertueux, bien élevé et courtois et reste modeste. Il dit la vérité, sans vexer, tout en gardant la considération des autres. Il a le sens de l'honneur et de la promesse donnée. Il est toujours égal à lui-même, ne s'emporte ni ne se vexe. Il a de l'humour, une certaine classe naturelle et sait profiter en esthète des moindres choses de la vie sans excès ni ostentation...

L'image du gentleman est un véritable code de conduite qui révèle les normes idéales du comportement social de l'époque : ouverture aux autres, maîtrise de soi, détachement et rectitude morale.

Les anthropologues ont élargi à l'extrême la notion de *culture* en ajoutant à l'ensemble des acquis communs que sont les croyances, les normes, les valeurs et les représentations, les *expressions* et les *réalisations* issues de ce système d'acquis mentaux. C'est ainsi que la culture — au sens anthropologique — comprendra alors le langage, l'art, les coutumes et mœurs, l'ensemble des fabrications (des objets quotidiens aux institutions sociales). Cette conception peut être justifiée. En effet, il est indéniable que les productions culturelles, comme l'art ou les divers objets manufacturés, se rattachent à tout le système latent des normes, valeurs, croyances et représentations d'une culture, comme ils révèlent d'ailleurs ces principes culturels de référence.

Par exemple, la voiture, objet éminemment culturel, dans sa conception et dans ses usages quotidiens, renvoie aux principes très culturels de liberté, d'individualité, de technicité, de compétition, de possession, de recherche de l'affirmation et de la puissance, d'importance du temps, de séparation des activités sociales...

On peut donc distinguer deux niveaux d'une culture : un niveau en quelque sorte intériorisé par chacun des membres de la culture qui comporterait les principes culturels (valeurs, normes et croyances), les représentations et modèles de référence ; et un niveau extérieur aux individus : leurs expressions, leurs productions, leurs manières de vivre et d'utiliser les éléments de leur environnement (style de vie).

De nos jours, lorsque l'on parle de culture (exemple : développer la culture des Français), on prend culture d'abord au sens de la culture du niveau extérieur. On parle alors de théâtres, de concerts, de festivals, de livres, de spectacles de télévision, de films, restaurants et cafés...

On remarquera aussi qu'à l'intérieur de ce niveau culturel on ne considère que des productions consommables dans un temps de loisir. La culture est alors comprise en un sens assez restreint. On remarquera bien sûr comment les *objets culturels* dont il est question renvoient à des normes de la culture du niveau intériorisé, normes qui ici valorisent les sens (visuel, auditif, gustatif...) et une certaine appropriation passive où le temps de loisir est défini comme un moment de passivité hédoniste. Actuellement la valeur « activité » retrouve son importance dans la conception du loisir et l'on voit se développer les activités sportives, les activités de bricolage, de créations artistiques personnelles, d'apprentissages actifs de diverses techniques...

A la manière de R. Linton, on peut se représenter le niveau intériorisé d'une culture comme une nébuleuse de principes et de représentations liés entre eux. Chaque système culturel interne, comme on peut nommer cette nébuleuse, comporterait plusieurs couches. Une couche interne, ou noyau culturel dur, formé des principes et des représentations intangibles servant de référence absolue ; puis d'autres couches, de plus en plus périphériques, dont les principes et représentations seraient de plus en plus flous et soumis à contestation et renouvellement. Un tel système aurait une dynamique interne, certains principes centraux perdant de leur indubitabilité et passant dans les couches plus externes, d'autres principes, au contraire, prenant de plus en plus d'importance pour passer finalement dans le noyau central. En outre, un tel système ne serait pas exempt de tensions et de contradictions internes ce qui, sous l'effet de confrontation permanente avec l'environnement extérieur, assurerait sa dynamique interne.

II. — **Prémisses culturelles et personnalité de base**

Une culture, nous dit R. Benedict, est comme une langue. « De même que le langage n'utilise pas tous les sons de la glotte, toutes les labiales, les dentales, sifflantes et gutturales, des muettes ou voyelles, des sonorités buccales aux sonorités nasales, une culture est un choix d'éléments, c'est-à-dire d'activités, de coutumes et rituels, de croyances, d'institution... fait dans l'énorme éventail de toutes les possibilités. » Pour cette anthropologue lorsque l'on considère l'ensemble des phénomènes d'une culture, on aperçoit une ligne directrice qui les relie tous entre eux. Cette trame commune, c'est « l'orientation générale » de cette culture.

C'est par rapport à tous les éléments du contexte culturel, éclairés par l'orientation de la culture, qu'il faut donc comprendre un élément culturel. Celui-ci ne fait finalement que réexprimer à sa manière les

« intentions culturelles importantes » de la culture. Dans notre société, par exemple, le mariage, la jalousie, les attitudes d'autorité des grands envers les enfants... et bien d'autres éléments ne sont intelligibles que par rapport à une logique de l'avoir qui dirige l'homme contemporain, logique qui définit en grande partie notre culture. Les orientations générales d'une culture dirigent les actions des individus. Ces orientations peuvent être formulées à l'aide de leurs « valeurs » sous-jacentes. « Une culture... représente un modèle *(pattern)* plus ou moins net de pensées et d'actions... » Ce modèle est constitué des valeurs trouvées sous les orientations de la culture.

Pour un autre anthropologue culturaliste comme G. Bateson (1936), l'ensemble des conduites culturelles (conduites typiques et partagées) renvoie à un système de propositions que l'on peut considérer comme « fondant logiquement » ces conduites. Une sorte de « prémisse culturelle » peut donc être posée à la source d'un ensemble de conduites. Un ensemble de prémisses fonde alors la logique de base de la culture. C'est ainsi que Bateson, plus précisément, définit le *caractère national* des Balinais.

L'étude de la culture balinaise lui montre que les Balinais ont été marqués par leur éducation qui leur apprend à éviter toute agressivité et toute excitation. Les conduites des Balinais adultes semblent alors se conformer aux règles d'un jeu stratégique qui a sa finalité, ses règles et ses contraintes. La finalité ultime du jeu des comportements sociaux serait de maximiser la stabilité. Cette finalité peut être formulée par un principe du genre : « Il faut de la mesure en toute chose. » Ces contraintes du jeu stratégique sont le respect des normes de la société qui, transgressées, entraînent l'exclusion et donc la mort sociale. Les règles du jeu, c'est le respect de la hiérarchie établie, des rituels religieux et des décisions de l'assemblée du village. La trame logique de la culture balinaise, ramenée à ce jeu stratégique, ne peut que sécréter des expressions qui portent la marque de cette recherche de stabilité et de l'évitement de toute extrémité. C'est ainsi que dans aucune expression culturelle balinaise — musique, théâtre, autres formes d'art... — il n'y a de point culminant. Les querelles sont réglées, avant tout débordement, par des rituels d'évitement, les techniques d'influence sociale, comme l'art oratoire, sont presque totalement absentes de la culture balinaise. Il n'existe aucun contexte dans lequel il serait pensable qu'un individu puisse rivaliser avec un autre. Lorsqu'un individu a transgressé gravement les règles sociales (inceste, par exemple), l'offense passe pour une atteinte à l'ordre naturel de l'univers et le coupable n'est pas accusé d'autre chose que de bêtise et de maladresse, il est traité comme « une personne malheureuse » qui illustre la croyance que le malheur peut frapper chacun. Commentant l'impression laissée par une collection de 1 200 sculptures balinaises, Bateson note l'importance attachée par les artistes au problème de l'équilibre. L'expression que les Balinais emploient d'habitude pour désigner la période qui a précédé l'arrivée de l'homme blanc est : « Quand le monde était stable... »

Il revient donc à l'école culturaliste (R. Linton, M. Mead, A. Kardiner, R. Benedict, E. Erickson, G. Bateson...) d'avoir montré que, au niveau d'une société, un ensemble de conditions culturelles identiques ou suffisamment semblables, créent, chez tous les membres de la société, une même façon de voir les choses et de se comporter dans certaines situations typiques. Cette sorte de *personnalité culturelle*, commune aux individus suffisamment « acculturés » d'une même culture, a été nommée la *personnalité de base*. La personnalité de base, c'est en quelque sorte l'ensemble de ces croyances communes qui font que tous les Comanches réagissent et pensent comme des Comanches et les Français comme des Français. La personnalité de base, nous dit encore Kardiner (1945), est une « configuration psychologique particulière propre aux membres d'une société donnée et qui se manifeste par un certain style de vie sur lequel les individus brodent leurs variantes singulières. Cette configuration constitue la matrice dans laquelle les traits de caractère individuel se développent ».

Sur l'exemple des Balinais, Bateson (1972) montre comment leur goût de l'équilibre a été « incorporé dans la structure de leur caractère pendant l'enfance ». Les conditions culturelles sont ici les conditions d'éducation et de socialisation. En effet, pendant l'enfance du Balinais, tout ce qui aboutit à une excitation est rejeté dédaigneusement par les éducateurs. D'où la conclusion psychologique qui s'impose aux enfants et qui restera chez l'adulte sous forme de certitude intime : « Il faut de la mesure en tout chose. » Cette prémisse d'origine éducative guidera les expressions artistiques et les conduites.

La démarche générale des anthropologues culturalistes est de ramener la *culture intériorisée* à un ensemble de prémisses qui permet de rendre compte de la *culture du niveau extérieur*. C'est une démarche très rationaliste, reposant sur une conception empiriste de la genèse de la culture (une culture est un acquis et non une donnée innée). Cette démarche renvoie bien entendu à nos propres normes culturelles scientifiques contemporaines qui sont du type : il y a des systèmes sous-jacents aux phénomènes qui rendent compte de ces phénomènes (structuralisme), ces systèmes permettent d'expliquer rationnellement les phénomènes (rationalisme), en ce qui concerne les phénomènes culturels ils dépendent des expériences subies (empirisme).

III. — Mentalité et système de valeurs

Disons tout de suite que le concept de mentalité recoupe la notion de *culture intériorisée*, surtout lorsque celle-ci est formulée comme un ensemble de prémisses.

Dans le langage courant, une *mentalité* désigne un état d'esprit, une façon de voir les choses associée automatiquement à des mœurs observées dans des comportements. C'est en ce sens que l'on dit « quelle mentalité ! » pour condamner la conduite et la morale sur laquelle semble s'appuyer cette conduite. Intuitivement, on relie donc bien ensemble, d'une part, les comportements et, d'autre part, la façon de concevoir les choses (vision du monde) et les principes (la morale latente) sur lesquels semblent reposer les comportements.

L'expérience de la mentalité définissant autrui, ou son groupe d'appartenance, comme différent de moi se fait lorsque je suis surpris de son comportement face à un événement ou une situation que visiblement je n'ai pas interprété de la même manière que lui. Ce dépaysement mental est celui que l'on éprouve lorsque l'on se trouve dans un milieu très différent du sien : un milieu social que l'on ne fréquente jamais, une société étrangère ou un groupe d'étrangers. Petit à petit, on apprend les manières de voir, de réagir, de se comporter de ces étrangers. On finit par être capable de prévoir leurs jugements et leurs réactions.

Par cet apprentissage culturel (qui est appelé acculturation), on fait là, en moins important, l'expérience que tous les anthropologues ont faite quand ils ont vécu dans une société « primitive », assez longtemps pour en percer la logique interne. Car, comme nous le dit Linton, « lorsqu'une tribu cherche à enrayer une épidémie de typhoïde en organisant une vaste chasse aux sorciers, elle opère d'une façon logique par rapport au fait, admis par sa culture, que les sorciers sont responsables de la maladie ».

Une mentalité porte en elle une *vision du monde* et génère des *attitudes* (c'est-à-dire des manières d'être envers quelque chose) face à des éléments de l'environnement. Ces éléments de l'environnement ne sont pas n'importe lesquels. Ce sont les éléments clefs de la vision du monde, les éléments importants par rapport auxquels le groupe de la mentalité en question a pris une position. Ces éléments sont les *objets nodaux* ou catégories d'objets essentiels de référence et de positionnement.

Dans la *mentalité traditionaliste*, par exemple, faite du respect des autorités, de la tradition venant du passé, du goût de la stabilité, etc., un des objets nodaux de cette mentalité sera la catégorie générale des « choses établies qui nous viennent du passé ». Face à un objet de cette catégorie le traditionaliste aura une attitude de respect.

Une mentalité s'exprime aussi par des comportements en actes. C'est là le niveau le plus facilement observable d'une mentalité.

Voilà un individu (bien représentatif de son groupe d'âge) qui oublie certains travaux qu'il doit faire, qui recherche toujours des excuses pour se décharger des responsabilités, qui proteste toujours contre les conditions de travail, qui transgresse souvent par inadvertance les règles les plus banales de discipline commune, qui arrive souvent en retard, qui fait en priorité ce qui l'intéresse, sans tenir compte de la coordination nécessaire des tâches, qui utilise le moindre prétexte pour échapper aux règles et à son travail, qui, comme par hasard, rate complètement les travaux importants qu'on l'oblige à faire dans la presse et la surcharge... Autant de conduites significatives de sa *mentalité individualiste hédoniste*.

Une mentalité est aussi un ensemble de prédispositions psychologiques renvoyant à une sorte de système de croyances lequel constitue une vision du monde donnant un sens aux choses. Ce système oriente, voire détermine les comportements en actes.

A la limite on pourrait concevoir la mentalité comme l'ensemble construit du système des principes ou des valeurs auxquels on peut ramener l'ensemble des conduites typiques d'un groupe ou d'un individu. Ces principes sont les bases de la logique propre du groupe ou de l'individu. Cet ensemble de principes est fictif. C'est une construction intellectuelle permettant de comprendre et d'expliquer les conduites.

Le système de principes de l'*individualiste-hédoniste* serait alors celui-ci : ce qui compte c'est mon plaisir et ma liberté, les autres, les contraintes et les règles, le travail, tout cela n'a pas d'importance. Ses valeurs sont donc : lui-même, le plaisir, la liberté.

On peut encore synthétiser davantage la notion de mentalité en disant — à la manière des ethnologues comme Griaule — qu'une mentalité révèle la conception qu'a l'individu de sa place dans le monde tel qu'il le voit. La mentalité se ramène alors à une position existentielle (une orientation fondamentale de l'être) face à ce qui est posé comme un problème primordial.

Faisons par exemple le portrait des « *jeunes loups* » :

Les actions des « jeunes loups » sont toujours justifiées par une sorte d'idéologie du management libéral : il faut agir et faire (ce sont des travailleurs activistes et volontaristes) ; il faut inventer, créer, innover (ils sont dynamiques et progressistes) ; il faut analyser, bien poser les problèmes, raisonner (ils sont scientistes et rationalistes) ; il faut commander, décider (ils sont élitistes et tentés par l'autoritarisme « à visage humain ») ; il faut s'imposer et en imposer (ils sont narcissiques, sûrs de leur valeur, se croient indispensables et jouent de leur beau parler et de leur prestance) ; il faut se faire des relations, connaître et se faire apprécier des puissants en place (ils sont opportunistes et calculateurs).

Leurs valeurs sont donc : l'action, le travail, la raison, la prévoyance, le changement, l'autorité, l'individualisme, le paraître et l'adaptation personnelle.

Les jeunes loups ont de 25 à 35 ans. Ils sortent en principe d'une « grande école » où ils ont acquis un vocabulaire technique, une certaine aptitude à manier les généralités, une aisance dans les contacts et l'expression orale. Ils y ont été confirmés dans l'idée de leur supériorité sur les foules travailleuses. Ils ont vu se produire devant eux les modèles de leur réussite future : hommes politiques, grands commis de l'Etat, hommes de science en renom, PDG à la mode...

Leur style de vie découle de leur mentalité. Ils sont grands consommateurs de signes de standing, de sérieux professionnel, d'ouverture d'esprit (ils sont « dans le vent ») et de modernisme. Ils suivent les modes de consommation de standing. Leur vie familiale et leurs loisirs sont une consommation de signes de standing et de réussite professionnelles. Leurs femmes, leurs enfants expriment leur réussite et leur supériorité. Leurs loisirs sont, d'une manière privilégiée, des activités collectives élitistes : mondanités, voyages, journées d'étude... (on peut toujours y faire des rencontres utiles).

Ce portrait révèle le problème existentiel fondamental des « jeunes loups » qui est la réussite personnelle. Le monde est pour eux un monde de compétition professionnelle dans lequel on doit affirmer ses capacités supérieures. A partir de cette définition du monde et du but posé à l'existence dans ce monde, l'ensemble des attitudes et des conduites des « jeunes loups » deviennent logiques et compréhensibles.

Dans la notion de culture, il faut donc distinguer la *culture intériorisée* (par tous les membres d'une communauté) de la *culture extériorisée.* La culture intériorisée est une nébuleuse de normes et de représentations que l'on peut systématiser dans un ensemble de prémisses ou de valeurs. Cette nébuleuse n'est pas localisée dans les psychismes individuels. Elle est une entité supra-individuelle, sans lieu d'insertion sinon dans l' « air du temps » ou une conscience collective postulée pour les besoins de la cause. (C'est la mentalité qui elle sera localisée dans les psychismes humains.) La culture extériorisée est l'ensemble des expressions liées au système des prémisses culturelles. Ces expressions sont aussi bien les comportements, les productions artisanales ou industrielles que — dans une acception très restreinte et banale du terme culture — les productions artistiques et littéraires.

Le concept de mentalité recoupe la notion de *culture intériorisée*. Une mentalité, c'est, pour le sociologue, le système construit des valeurs auquel il peut rattacher la vision du monde, les attitudes envers les objets nodaux et les comportements typiques d'un groupe d'individus (ou d'un individu représentatif de ce groupe).

La mentalité, c'est pour un groupe le cadre de référence commun acquis par l'assimilation des normes et des valeurs contenues dans la culture ambiante. La mentalité, c'est donc une empreinte laissée dans des psychismes par les caractéristiques communes de la socialisation. A travers ces comportements typiques, une mentalité exprime une culture intériorisée. Ces comportements typiques font alors partie de la culture (au sens large) du groupe en question.

IV. — Fonctions des mentalités

Une mentalité intervient directement dans la perception. Le système de références implicites que constitue la mentalité intervient constamment comme une grille de décodage des informations reçues. On sait depuis longtemps qu'il n'y a pas d'objectivité de la perception. Ce phénomène de déformation et d'interprétation d'un donné est utilisé, comme nous le verrons au dernier chapitre, pour l'étude des mentalités par les tests projectifs (une même photo donne lieu à des interprétations différentes qui renseignent sur les systèmes de référence différents).

Une mentalité, en tant que système de principes, fonctionne comme une idéologie et cherche à expliquer tout phénomène. Porteuse d'une « vision du monde », la mentalité génère une explication du réel et par là satisfait, à sa manière, le besoin de comprendre et de savoir. Les *mass media* nous apportent tous les jours la confirmation de cette fonction des mentalités. Que surgisse un événement et les différents acteurs sociaux y verront des choses différentes. Là où le patronat voit une atteinte à la liberté du travail, les syndicats, par exemple, voient une protection des droits des travailleurs...

Le système des valeurs de la mentalité influence constamment le raisonnement. Le discours soi-disant raisonnable fait pour convaincre autrui n'est plus qu'un effort de justification et de rationalisation des façons *a priori* de juger issues inconsciemment de la mentalité.

La mentalité est une composante essentielle de l'*identité culturelle* d'un groupe. Cette mentalité est d'ailleurs dépendante et étroitement correlée avec les autres éléments qui fondent l'identité d'un groupe social (ses origines, ses possessions, sa composition, ses relations, ses productions, son image...). Une mentalité, par l'intermédiaire des attitudes, des comportements et des discours qu'elle génère, est directement expressive de l'identité groupale.

Une mentalité est la source de forces d'influence sociale. En effet deux grands mécanismes sociopsychologiques gouvernent la vie des groupes : les mécanismes d'appropriation-expansion et les mécanismes de protection-défense. Les premiers mécanismes poussent tout groupe social à intervenir sur son environnement pour l'organiser selon sa propre vision. Tout groupe sera donc porté à essayer, par divers moyens, de répandre ses valeurs. Par les seconds mécanismes, tout groupe social assurera la défense de son identité lorsqu'il la sentira menacée (nous retrouverons ces seconds mécanismes dans la résistance des mentalités au changement, p. 87).

Une mentalité est aussi la source de la cohésion d'un groupe. La mentalité remplit la fonction de support de la participation sociale. Nous adhérons et participons à des groupes car nous y retrouvons nos idées et nos opinions. Cette affiliation groupale remplit par ailleurs une autre fonction sociale capitale : la fonction de sécurisation. En échangeant avec les partenaires de nos groupes de référence, nous renforçons la confiance en notre façon de voir, en nos façons de nous comporter, nous renforçons donc notre image et notre confiance en nous-même.

Conclusion

Une mentalité est donc la trame psychique de référence commune à un groupe d'hommes.

On ne peut se passer de sa connaissance pour comprendre les actions collectives.

En effet, la logique de l'action collective n'est pas uniquement déterminée par le système des contraintes extérieures (à moins que celui-ci ne soit écrasant, et encore) qui définit la situation. Cette situation est

« perçue », c'est-à-dire que le système des contraintes est évalué par le ou les groupes en fonction de leur mentalité. Cette mentalité définit les intérêts et les objectifs du groupe dans la situation. La conduite collective est alors la résultante de l'interaction des hommes et de la structure des contraintes. Chaque acteur social cherche alors à optimiser, en fonction de ses propres valeurs, les actions qu'il met en œuvre dans le système de contraintes.

Par référence au postulat de l'individualisme méthodologique de R. Boudon (1977) qui considère que les critères d'optimisation des décisions sont des critères obtenus par le recours à une psychologie universaliste atteinte par une rapide introspection personnelle, je propose donc le postulat de l'individualisme méthodologique psychosociologique.

Selon ce dernier postulat, chaque acteur cherche à maximiser sa satisfaction par rapport à son système de valeurs psychologiques (donc par rapport à sa mentalité). On ne peut plus prévoir les décisions comportementales d'un acteur si on ne peut expliciter, dans son propre système de vision du monde, le système de contraintes dans lequel il se voit.

CHAPITRE II

LE CADRE ANTHROPOLOGIQUE DES MENTALITÉS

Le cadre anthropologique des mentalités, c'est l'ensemble des problèmes et des valeurs humaines parmi lesquels toute mentalité se situe.

En effet, bien qu'ils fassent des choix différents, un certain nombre de problèmes fondamentaux identiques se posent à tous les hommes quelles que soient leurs races et leurs cultures. (Qu'est-ce que l'univers ? Comment s'organiser en société ? Comment se comporter avec autrui ?...) Face à ces problèmes, les solutions ne sont pas en nombre illimité. L'histoire du monde et des cultures nous montre les réponses apportées par les hommes. L'histoire des idées et des doctrines philosophiques nous précise aussi l'ensemble fini des conceptions du monde et des valeurs élaborées par les peuples.

I. — Choix et objets nodaux fondamentaux

Toute mentalité peut être située par rapport à des axes doctrinaux et à des jugements de valeur fondamentaux. Toute mentalité peut aussi être située par rapport à un nombre limité d'objets nodaux fondamentaux et de prises de position (ou choix) envers ces objets.

Pour tenter de préciser ce cadre anthropologique de référence, il faut nous poser les questions suivantes : quelles sont les situations que tout homme doit nécessairement aborder ? Quels choix s'offrent alors à lui dans ces situations ?

Un certain nombre de réponses ont été apportées par les historiens, les sociologues et les psychologues. Passons-les rapidement en revue.

Bien que leurs représentations du *temps* et leurs attitudes envers le temps aient varié au cours de l'histoire, les hommes se sont toujours préoccupés de cet objet nodal. Le temps, cyclique et répétitif des sociétés primitives est devenu un temps linéaire avec une fin des temps et un jugement dernier, avec la révolution de la pensée judéo-chrétienne, les notions de temps et les attitudes envers le temps ont encore évolué à différents moments et notamment au XVIe siècle avec le développement de l'économie marchande faisant apparaître la nécessité d'une mesure du temps. Des sociologues comme Parsons ont fait du temps un des dilemmes fondamentaux de l'existence humaine. Chaque culture devant prendre position sur ce dilemme et choisir de privilégier soit le passé, soit le présent ou encore l'avenir.

Les différentes cultures que l'on connaît ont toujours pris une position par rapport à *la nature humaine*. Les prises de position sur ce problème vont de l'homme créature de Dieu à l'homme créature du hasard biologique. Lévi-Strauss a montré, à travers l'analyse des mythes grecs d'Œdipe, de Cadmos et d'Antigone, que l'interrogation sur la nature propre de l'homme (autochtonie de l'homme) était une interrogation anthropologique. Rappelons-nous comment, dans notre ère de civilisation, les différentes doctrines chrétiennes du péché, de la grâce et de la rédemption ont fait de la nature humaine quelque chose de mauvais, de mauvais mais perfectible ou encore de rachetable. Rappelons-nous enfin l'importance du courant romantique qui, avec Rousseau, a posé la nature humaine comme fondamentalement bonne mais pervertie par la société, courant dont un des derniers avatars est le « gauchisme » contemporain.

Très associées aux définitions du temps et de la nature humaine, viennent les prises de position sur *les pouvoirs et la responsabilité de l'homme*. Toutes les cultures ont tranché sur la puissance à attribuer à l'homme. Soit qu'il n'ait aucun pouvoir : il est mû par un destin, des dieux, un dieu, des humeurs ou des pressions, des règles sociales, des situations de domination-soumission ou des conditions socio-économiques ; soit qu'il soit responsable de ses actions et maître de réalisations technologiques qui lui donnent une puissance illimitée et le rendent responsable de la destruction de la nature et responsable du risque d'holocauste général (l'homme prométhéen puis faustien). Pour les historiens, comme Chaunu (1978), cette notion de responsabilité et de maîtrise de sa vie serait apparue, dans notre civilisation occidentale (car rappelons qu'il existe encore des cultures différentes sur ce point), vers le xe siècle, lorsque des conditions démographiques — forte densité qui ne favorise plus la concentration du commandement, fait éclater la *familia rustica*, favorise le défrichement... — et des conditions socio-économiques — affaiblissement du servage, diminution des corvées, accroissement de travail rémunéré... — ont permis aux paysans de vivre pour la première fois des situations de liberté et de responsabilité, même limitées. Ce n'est que huit siècles plus tard que les philosophes de la liberté et de la propriété formaliseront ces notions vécues.

Les hommes de toutes les cultures ont eu aussi à prendre position sur la définition de l'*univers* auquel ils participent. Un univers auquel ils participent au même titre que les morts invisibles qui les entourent, univers auquel ils participent sous d'autres formes, ou encore comme esprits invisibles après leur mort ; un univers régi par le surnaturel et les puissances occultes du numineux ; un monde et une vie passagère avant d'autres mondes et d'autres vies plus ou moins idylliques selon leurs propres conduites dans ce monde-ci ; un univers de ciels concentriques dont la terre est le centre ; un univers dont le centre est le soleil et dont les lois de fonctionnement sont mathématiques ; un univers infini dont la terre n'est qu'un atome, une vie éphémère sans plus rien après la mort... On voit comment ces conceptions de l'univers impliquent les conceptions de la *connaissance humaine* (mysticisme, irrationalisme, rationalisme...), de la vie et de la mort, du naturel et du surnaturel et donc de *la religion et de Dieu.* Dans notre propre histoire culturelle, on sait l'importance du XVIe siècle pour la genèse d'idées essentielles à notre culture actuelle. Un essor économique, le renforcement d'une classe sociale spécifique (la bourgeoisie), des transformations du marché du travail, des « grandes découvertes » (l'imprimerie, « la révolution » copernicienne, des explorations, des conquêtes militaires...), une émulation intellectuelle (les « humanistes » et l'examen critique des textes anciens), un renouveau de la pensée philosophique (le *Novum Organum* de F. Bacon)..., concourent à la formation d'une nouvelle idée de la Nature (monde physico-mathématique) et donnent naissance au projet cartésien de domination du donné matériel par la science, ensemble d'idées fondamentales sur lesquelles nous vivons encore.

Les hommes de toutes les cultures ont eu aussi à prendre position sur l'*organisation de leur société*. Ce problème est lié au dilemme fondamental de la répartition des choses rares (Baechler). Une des contraintes essentielles de la vie humaine étant en effet de ne jamais connaître l'abondance absolue de tous les biens à la fois. Ainsi donc les hommes ne peuvent pas ne pas participer à la répartition des richesses et cela les amène à définir à chaque fois l'organisation de la société dans laquelle ils vivent. Les richesses, au sens large, se répartissent en trois catégories : le pouvoir, les biens matériels, le prestige. Ces trois biens ne sont pas en quantité infinie. Tout le monde ne peut avoir à la fois tous les pouvoirs, tous les biens matériels ou tous les prestiges, si cela était le cas la notion même de richesse serait annulée. Les hommes participent donc à la répartition des richesses en prenant sur ces répartitions un certain nombre de positions : pouvoir confié à un seul ou à un groupe selon différents critères (hérédité, élection, force, compétence, charisme...) ou pouvoir confié à tous ; richesses attribuées selon l'appartenance ou les performances ; ordre de l'échelle du prestige identique ou différent de l'ordre des richesses, échelle de prestige fixe ou mobile selon certaines règles de performance... Ces choix déterminent des organisations sociales spécifiques (royauté, théocratie, méritocratie, démocratie...). Chaque société réalise, à un moment donné, une solution provisoire, cohérente ou non, sur ces problèmes posés par le partage des biens. Elle réalise un « ordre ». On peut alors distinguer trois types schématiques d'ordre : l'ordre traditionnel (le partage des biens obéit à des règles immuables) ; l'ordre pluraliste (les hiérarchies s'entrecroisent, les solutions subissent l'influence des initiatives changeantes des sociétaires) ; l'ordre totalitaire (un ordre parmi tous les ordres possibles est imposé par un groupe social qui s'est emparé du pouvoir politique). Cette problématique de l'organisation de la société recoupe *la problématique de l'avoir*, par contrecoup celle de l'être et donc la problématique générale de *l'action humaine* (l'homme doit-il chercher à agir pour accroître ses avoirs (et définir ainsi son être), doit-il chercher à réaliser son être (s'il existe,donc, en dehors de tout contexte social une « nature » de son être), doit-il rechercher l'efficacité, la production (centration sur le faire qui définit l'être et fait acquérir des « avoirs » sociaux)... ?).

Enfin, les hommes de toutes les cultures doivent prendre position quant à *leurs relations avec leurs semblables*. Parsons et Shils (1951) ont montré que les choix sur la définition de la relation à autrui se limitaient à cinq alternatives. L'alternative affectivité-neutralité, orientation vers la collectivité-orientation vers soi, universalisme-particularisme, qualité-accomplissement et spécificité-diffusion. Ces alternatives générales de la relation à autrui sont les conditions *a priori* de toutes interactions. Elles constituent la trame axiomatique dans laquelle s'inscrit nécessairement une action. En effet, chacun de ces choix peut être explicite sous forme de norme d'action. Passons en revue ces différentes alternatives.

1. **L'alternative affectivité-neutralité.** — L'homme opte pour l'affectivité dans ses rapports avec autrui lorsqu'il privilégie ses sentiments envers lui. Il opte pour la neutralité affective lorsqu'il met ses sentiments

entre parenthèses et ne considère que la fonction d'autrui et les résultats de ses actions. Les normes régissant ces choix peuvent se formuler ainsi : il faut tenir compte de ses sentiments envers autrui / il faut agir rationnellement envers autrui.

2. **L'alternative orientation vers la collectivité-orientation vers soi.** — L'homme peut privilégier dans son action les intérêts de la communauté ou privilégier uniquement ses intérêts privés. Les normes de ses conduites relationnelles sont alors : il faut tenir compte des intérêts de la collectivité, ou bien : il faut agir en tenant compte exclusivement de ses propres intérêts.

3. **L'alternative universalisme-particularisme.** — Soit les rapports avec autrui sont guidés par des critères généraux applicables à tout le monde (universalisme), soit ces rapports sont guidés par des considérations particulières qui différencient certaines personnes des autres. Les normes de l'action sont alors du genre : il faut agir avec les mêmes règles de conduite et de jugement applicables à tous ; il faut moduler sa conduite en fonction de cas particuliers.

4. **L'alternative qualité-accomplissement.** — La relation avec autrui est guidée par l'être en son « être » (sa qualité propre) ou inversement la relation avec autrui est guidée par la performance accomplie par autrui (on juge uniquement sur les résultats). Les normes guidant la relation sont alors du type : il faut agir en privilégiant l'être global d'autrui, il faut se comporter d'après les réalisations accomplies par autrui.

5. **L'alternative spécificité-diffusion.** — L'homme peut choisir d'être en rapport avec les autres seulement sous certains aspects spécifiques et non pas d'une manière globale ou, au contraire, opter pour des rapports sociaux plus globaux. Ses normes de conduite sont alors : il faut agir en fonction des qualités spécifiques d'autrui ou il faut agir en tenant compte de toutes les qualités d'autrui.

Les variables universalisme/particularisme et qualité/accomplissement fournissent par exemple des éléments pour un cadre général d'analyse comparée des cultures et mentalités.

Mentalité selon les choix culturels de type de relation à autrui (et aux objets au sens large)

Choix	*Universalisme*	*Particularisme*
Performance	Mentalité technocratique	Mentalité élitiste
Qualité	Mentalité paternaliste	Mentalité opportuniste

II. — Les philosophies : doctrines et idéologies

Les philosophies, en tant que réflexion générale sur le monde, la connaissance et les principes d'action, nous fournissent un ensemble de conceptions du monde et de prises de position. Les grandes philosophies (le platonicisme, le stoïcisme, le cartésianisme, le kantisme, le marxisme, l'existentialisme...) sont finalement des manières de se situer par rapport à des modes de connaissance définissant le monde et par rapport à ce qu'il convient alors à l'homme de faire.

Chaque philosophe construit sa philosophie à partir de la critique des philosophies précédentes et s'efforce de justifier ses propres propositions et conceptions. Si l'on ne prend que le corps de ces propositions et conceptions, sans leur appareil critique et sans le raisonnement qui aboutit à leur validation, on formule la doctrine de la philosophie en question.

Une doctrine est donc un ensemble de propositions posées comme vraies (des postulats) qui servent de référence à l'interprétation des faits et à l'action.

On est plus habitué à parler de doctrine lorsqu'il s'agit de religion, mais le concept s'applique à tout ensemble, le plus souvent écrit, de principes de référence servant à interpréter des faits et à orienter l'action en matière de religion comme de politique ou de connaissance scientifique.

En schématisant les principales doctrines philosophiques, on peut déterminer un ensemble d' « axes fondamentaux » qui définissent autant de prises de position sur un certain nombre d'objets nodaux. Comme, nous l'avons vu, une mentalité peut être comprise comme une prise de position existentielle par rapport à ce qui est posé comme un problème fondamental, le schéma des doctrines philosophiques doit pouvoir servir de cadre général aux diverses mentalités si l'on suppose que nos philosophes et idéologues ont bien passé en revue l'ensemble des prises de position et des problèmes importants.

Rosace des doctrines

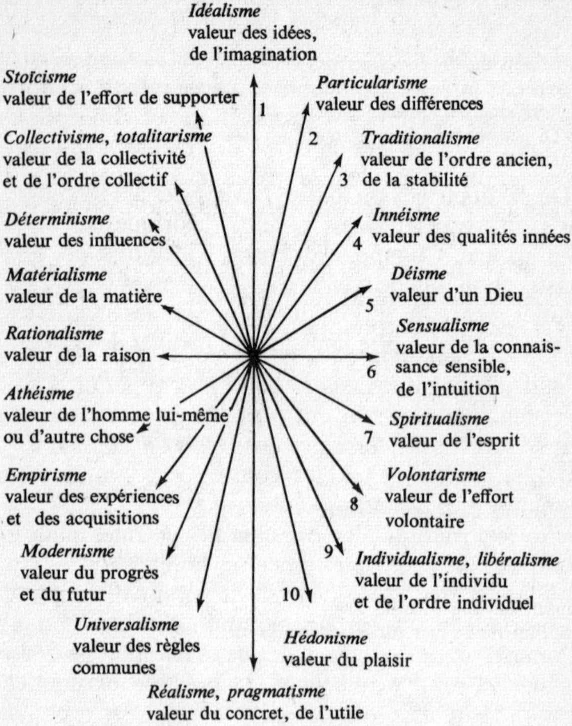

Objets nodaux des axes

1. Les idées ou les faits orientant *l'action.*
2. L'universel ou le particulier orientant *les relations à autrui.*
3. L'ordre ancien ou le changement valorisant *le temps.*
4. Le don ou l'expérience définissant *les caractéristiques de l'homme.*
5. Le Soi ou le sacré orientant *la conception de la place de l'homme dans le monde.*

6. La raison ou les sens orientant *la connaissance*.
7. La matière ou l'esprit orientant vers *l'objet de la connaissance*.
8. La volonté ou les influences orientant *la responsabilité de l'homme*.
9. L'individu ou la collectivité définissant *l'objet* social de référence et la liberté individuelle ou l'ordre collectif orientant *l'organisation sociale*.
10. Le plaisir ou l'effort orientant *les conditions de vie*.

De la doctrine, on passe facilement à l'idéologie qui est l'organisation en système théorique des idées d'un groupe. Comme la doctrine, l'idéologie est une construction intellectuelle qui sert à expliquer et à justifier une conception du monde et les conduites afférentes, c'est-à-dire finalement à justifier des valeurs sous-jacentes, constitutives de la mentalité dont l'idéologie est une expression rationnelle.

Si l'on considère, par exemple, ce que l'on appelle la « *mentalité rurale traditionnelle* », on voit qu'elle se situe sur les axes 1, 3, 6 et 9. En effet le paysan de ce type est d'abord un traditionaliste, respectueux de l'ordre, recherchant la stabilité, ses connaissances sont d'abord pratiques et concrètes, fondées sur l'observation et sur l'intuition plus que sur les théories et un raisonnement. Il est farouchement individualiste, tenant à sa petite propriété et à organiser seul son travail.

Si l'on veut situer sur le schéma la mentalité de ceux qui participent à l'idéologie *socialiste*, on prendra en compte les axes (modernisme, rationalisme, matérialisme et collectivisme), on discutera ensuite pour savoir s'ils penchent davantage vers le pragmatisme ou l'idéalisme et il est probable que l'on sera alors obligé de définir deux sous-types de socialistes : les socialistes idéalistes et les pragmatiques.

Le fondement des mentalités, des doctrines et des idéologies est le jugement de valeur. Selon Durkheim, le jugement de valeur est différent du jugement de réalité qui, lui, constate un fait. Le jugement de valeur attribue une signification subjective à un objet. Il est jugement de préférence qui marque l'engagement de l'acteur envers l'objet. Chaque mentalité, chaque idéologie formule un ensemble de jugements de valeur sur les choses appréhendées. Il y a des choses appréhendées en priorité, qui marquent une sensibilisation de l'acteur pour une catégorie d'objets (les objets nodaux), il y a des choses sans signification qui ne sont même pas repérées, qui ne font pas partie de l'univers de vie de l'acteur.

Le jugement de valeur est différent de ce que nous avons appelé jusqu'ici une valeur (ou valeur sociale). Une *valeur* est un principe général, sorte de loi ou de règle qui se trouve à la source d'une conduite reconnue idéale et estimable par un groupe. C'est ce principe qui, en dernier ressort, semble guider, orienter le comportement des acteurs sociaux.

Nous avons vu comment la valeur « action » (il faut agir) guide les conduites des « jeunes loups », et comment la valeur « stabilité » (il faut que les choses restent stables) guide les conduites des traditionalistes.

En ce qui concerne les jugements de valeur, les philosophes et moralistes les ont catégorisés comme suit : un objet peut être jugé : *a)* bon (valeur sociale) ; *b)* bien (valeur morale) ; *c)* saint (valeur religieuse) ; *d)* vrai (valeur théorique) ; *e)* beau (valeur esthétique) ; *f)* juste (valeur juridique) ; *g)* rare (valeur économique) ; *h)* puissant (valeur politique) ; *i)* agréable (valeur sensible) ; *j)* utile (valeur pratique) ; *k)* sain (valeur vitale).

Cette liste définit le cadre général des catégories de jugements. Tous les jugements formulés ou ses incapacités à formuler, sur différents objets, certains jugements de valeur.

Un groupe dénué de sens moral *(mentalité a-morale)* est incapable de distinguer, par exemple, le bien du mal, le bon du mauvais, le saint du démoniaque. Ces catégories d'attribution du sens n'existent pas pour lui. Les normes sociales, comme l'environnement social ou les notions religieuses, ne sont pas des éléments importants de son univers de vie.

III. — **Conclusion**

Toute mentalité peut donc se situer dans le cadre des grandes valeurs doctrinales tracé ci-dessus.

En quelque sorte, ce cadre pose les limites des systèmes de valeurs possibles en ce qui concerne un certain nombre d'objets, que tous les hommes ont toujours considérés comme primordiaux, c'est-à-dire par rapport auxquels ils ne peuvent pas ne pas prendre position. Ces objets s'imposent immanquablement à notre condition d'homme.

Il est à remarquer comment ce que l'on prend souvent pour l'apparition d'un problème nouveau (d'un objet nodal nouveau), avec des prises de position nouvelles, ne fait finalement que renvoyer aux valeurs fondamentales. Les prises de position sur l'avortement ont, par exemple, révélé les grandes oppositions de mentalités à partir des axes : hédonisme-stoïcisme, athéisme-déisme et déterminisme-volontarisme.

C'est à partir de ce cadre que l'on peut réfléchir au problème de l'invention des valeurs. (On entend souvent dire qu'il faut « inventer » les valeurs de notre temps.)

Une mentalité nouvelle ce peut être d'abord un nouvel arrangement, dans un nouveau système, de valeurs fondamentales. Ainsi, un certain socialisme s'efforce-t-il d'intégrer collectivisme et particularisme ; comme un certain libéralisme s'efforce d'intégrer l'individualisme à l'universalisme (sous la forme de plus de « justice sociale »). Ces nouvelles idéologies s'efforcent de mieux se calquer sur ce qu'elles pensent être la « mentalité dominante » de la population.

Une nouvelle mentalité peut venir aussi de la partition des objets nodaux en éléments sur lesquels des positions différentes sont prises. Comme actuellement, on est innéiste en ce qui concerne l'intelligence, et empiriste en ce qui concerne les compétences techniques (partition des prises de position sur les capacités de l'homme).

Nous retrouverons ce problème du changement des valeurs et des mentalités après avoir examiné la formation des mentalités.

CHAPITRE III

LA FORMATION DES MENTALITÉS

I. — Le culturalisme et la formation des attitudes

Le terme *attitude* est utilisé pour désigner une prédisposition générale psychologique envers quelque chose. Cette prédisposition oriente dans un certain sens toutes les interactions avec l'objet en question. (Il a une attitude de méfiance envers moi, ou il a une attitude de sabotage envers le travail en groupe.) C'est l'orientation de la prédisposition qui permet de définir l'attitude. Dans le concret, cette prédisposition se traduit par des attitudes corporelles (sens premier d'attitude comme posture du corps) et par des séquences de conduites dont la parenté est justement d'être sous-tendue par la prédisposition en question. Ces séquences de conduites sont regroupables et définissent le rôle tenu par le sujet (deuxième sens d'attitude comme rôle joué plus ou moins volontairement dans une situation interhumaine).

Nous allons voir sur des exemples tirés d'A. Kardiner (1969) et de M. Mead (1975) comment se forme une attitude. Nous allons prendre une attitude importante : l'attitude envers autrui en général (les autres, étant un objet de la situation humaine envers lequel on ne peut pas ne pas avoir d'orientation comme nous l'avons vu au chapitre précédent).

Lorsque Kardiner nous décrit l'enfance du jeune Alorais, on s'aperçoit que le principal mode de relation de son entourage avec lui est la taquinerie, voire la frustration. Dès sa naissance, l'enfant est plongé dans un ruisseau glacé. On lui donne des bains glacés ce qui n'arrange pas sa peau, souvent irritée par le régime alimentaire auquel on le soumet. Sa mère retourne aux champs dès le quatorzième jour après sa naissance, le livrant aux soins des aînés. Elle ne s'occupe que sporadiquement de son enfant, ne l'assistant guère dans ses premiers efforts pour marcher et parler, ne respectant pas son sommeil, le punissant arbitrairement et sévèrement, l'injuriant plus tard et s'amusant à le taquiner, comme cette mère qui avait emprunté un bébé à sa voisine et qui le cajolait devant son propre enfant pour faire rager celui-ci. Les aînés qui doivent s'occuper de leur jeune frère le traitent durement, sans égards, le nourrissant chichement et irrégulièrement, le taquinant, le brimant. Ils reproduisent évidemment avec un plus faible le modèle qu'ils ont eu à subir eux-mêmes... Il n'est pas besoin d'être grand psychologue pour deviner ce qu'une pareille éducation doit façonner comme personnalité adulte. De fait, l'ethnologue note que les Alorais adultes sont méfiants les uns envers les autres, sont incapables d'attachement affectif, que les hommes ont peur des femmes et sont inhibés envers elles, les Alorais essaient toujours de tricher, de voler, de s'agresser et ne sont retenus que par l'extrême surveillance des autres... Tous ces comportements renvoient à une même attitude envers autrui ; une attitude de méfiance agressive. Tout se passe comme si, de toutes leurs expériences affectives enfantines, ils retenaient une croyance du type : « Il n'y a rien à attendre de bon des autres. »

M. Mead nous décrit l'enfance du jeune Arapesh. Chez les Arapesh, le bébé est traité comme un petit objet doux, précieux et vulnérable qu'il faut protéger, nourrir, entourer. Le père, lui aussi, doit assurer ce rôle de protection totale. Lorsque la mère sort, elle porte l'enfant suspendu en dessous de la poitrine par une bandoulière en fibre d'écorce ou dans un filet mou. Elle lui donne fréquemment le sein, doucement, avec intérêt, même s'il ne manifeste pas sa faim. L'enfance du jeune Arapesh est entièrement protégée, aucune tâche astreignante ou difficile ne lui est par exemple demandée. L'ethnologue tire elle-même ici les influences d'une telle éducation : « Leur éducation, dit M. Mead, leur enseigne que l'essentiel des relations avec les autres est fait de réceptivité passive ou d'offre d'aliment ou de boisson. » Nous pouvons poursuivre et dire que tout se passe finalement comme si toutes leurs expériences affectives leur enseignaient une croyance du type : « Les autres me protègent et me comblent. » De fait, la « personnalité de base » des Arapesh est, comme on peut s'y attendre, passive, douce et réceptive. Les Arapesh sont confiants dans leurs congénères, s'entraident beaucoup, ne savent pas faire la guerre et du coup sont brutalisés, intimidés et achetés par leurs voisins plus agressifs. C'est un peuple d'agriculteurs vivant beaucoup de cueillette, ils pratiquent la chasse à l'aide de trappes et de pièges dans lesquels tombent les animaux. L'attitude d' « attente confiante en autrui » finit presque par se généraliser en attente confiante envers le monde.

C'est donc un ensemble d'expériences affectives qui façonne une attitude. Mais ces expériences affectives se ressemblent ; toutes les expériences avec autrui du bébé Alorais, par exemple, sont à base de provocation et de frustration. Ces expériences affectives contiennent donc déjà en elles un principe (défiance envers autrui : car provoquer et frustrer, c'est exprimer la défiance). C'est ce type de principe qui est une *valeur* culturelle. On peut donc considérer que la société aloraise a pour valeur la défiance envers autrui (choix : l'homme est mauvais, provocant et frustrant ; conclusion : il faut s'en défier). C'est cette valeur qui est finalement transmise par l'éducation car elle est contenue dans toutes les relations dont l'enfant fait l'expérience. Nous avons donc une boucle complète du processus de reproduction-transmission des valeurs culturelles.

Il est important de noter que notre analyse de la formation des attitudes nous a permis, au passage, de définir trois niveaux d'étude des phénomènes humains : un niveau extérieur où l'on appréhende des comportements en acte, un niveau intermédiaire où l'on appréhende des attitudes (ou orientations générales envers des objets nodaux) et un niveau plus profond, source et base des phénomènes des deux autres niveaux, le niveau des principes ou des valeurs. Une mentalité se définira, ou se décrira, à un de ces niveaux. Elle est aussi bien un ensemble de comportements, qu'un ensemble d'attitudes, qu'un système de valeurs.

II. — La formation des mentalités par enculturation

« L'enculturation est le processus au travers duquel l'individu acquiert la culture de son groupe, de sa classe, de son segment ou de sa société... Ce processus est limité à l'acquisition des modèles de comportement, y compris le langage, les métalangages, les coutumes, les valeurs, les définitions de rôles et autres phénomènes de cet ordre » (Bastide, 1971, citant Spindler).

Cette enculturation se fait d'une manière privilégiée pendant l'enfance. C'est pourquoi nous nous intéresserons ici aux situations fondamentales de l'enfance qui, selon la manière dont elles sont organisées et résolues par la culture ambiante, doivent, d'une manière prioritaire, façonner les éléments de la mentalité adulte.

Les observations des psychologues (occidentaux) concernant l'enfance, leur manière d'appréhender les influences psychologiques subies par l'enfant ont contribué, depuis un siècle, à établir et à valider une conception empiriste de la genèse des mentalités.

Cette conception s'oppose directement à la conception innéiste de la nature humaine. A sa naissance, l'homme, bien que possédant quelques instincts biologiques, est plutôt une *tabula rasa*. Ce sont les expériences de la vie qui vont écrire sur cette page vierge et façonner l'individu qui sera le résultat conditionné de son passé.

Les psychologues ont repéré un certain nombre de situations problématiques fondamentales que chaque homme doit affronter pendant son enfance. La manière dont son environnement social lui permettra de résoudre ces situations fixera chez lui un certain nombre d'attitudes envers les éléments essentiels définissant ces situations.

Pour Freud, le problème fondamental de l'existence humaine est la situation œdipienne, situation vécue par tous les humains quelle que soit leur culture d'appartenance. La situation œdipienne, c'est la situation affective de l'enfant, vers trois à cinq ans, âge où apparaissent les désirs amoureux de l'enfant envers le parent de sexe opposé et, d'autre part, une hostilité jalouse, avec vœux de mort, envers le parent de même sexe. La manière dont a été résolue ou non cette situation structure la vie affective ultérieure et détermine les conduites face à *l'autorité, à l'amour et aux relations sexuelles* et fixe les possibilités d'affirmation de soi (attitude de *confiance en soi*).

C'est en s'appuyant sur ces conceptions freudiennes que les psychanalystes ont décrit et expliqué *la mentalité du contestataire* (A. Stéphane, 1969).

Le contestataire n'a pas résolu son complexe d'Œdipe et a donc des problèmes avec *l'autorité*. Ainsi, il s'oppose à toutes les autorités et figures paternelles (les Etats-Unis, les patrons, les professeurs...) et prend le parti de tous ceux qui revendiquent pour une quelconque « libération », le contestataire est uniquement destructeur, il ne réalise rien, il empêche les figures paternelles (les services publics, les représentants de l'Etat, des entreprises...) de fonctionner. Cette opposition systématique au pouvoir se traduit aussi par un refus de considérer les contraintes banales de la réalité. Il y a toujours un préalable qui rend son action impossible. Son grand jeu est de transgresser symboliquement les interdits en révélant par là son impuissance rédhibitoire à résoudre réellement un quelconque problème. Vis-à-vis de *lui-même*, le contestataire est narcissique et manque de confiance. Il se complaît à amplifier l'importance de ses moindres faits et gestes, il valorise ses idées en les présentant comme des philosophies nouvelles. *Dans les relations amoureuses et sexuelles*, son narcissisme est un obstacle aux relations profondes et durables. Ses relations avec les *figures maternelles* sont souvent aussi complexuelles. Il vit en particulier la « société de consommation » comme une mauvaise mère gaveuse, l'étouffant par abondance de nourriture et de sollicitude. Il se défend donc agressivement par quelques saccages et bris symboliques. De même la démocratie est une mauvaise mère, source de tous les maux (« élections trahison ») qui risque de ne pas privilégier son petit Moi égocentré.

Les auteurs de cette description concluent en remarquant que la constellation parentale type du contestataire est celle d'une mère puissante et castrante et d'un père faible ou inexistant. Ils constatent qu'une telle structure familiale tend à devenir la norme dans notre société et ne s'étonnent pas alors du fait que la mentalité contestataire se répande (effet du matriarcat ambiant).

Pour Adler, la situation fondamentale de l'enfance qui marque définitivement tous les enfants est la situation d'infériorité. En effet, le petit enfant est faible et dépendant de son environnement social. Il est livré sans défense aux manipulations des adultes. La situation familiale lui offre diverses possibilités pour résoudre cette infériorisation. Selon qu'il est aîné ou cadet, adulé ou rejeté, soutenu ou contré par tel ou tel membre de sa fratrie...,il trouvera une manière adéquate de compenser son sentiment original d'infériorité. Les habitudes qu'il acquerra dans sa famille le marqueront et donneront plus tard ses manières constantes d'être (attitude) face aux autres (sa conception des relations humaines) et face au pouvoir (sa conception de l'exercice de l'influence sur autrui). Par exemple, un cadet toujours brimé par son aîné mais qui pouvait tout de même affronter son autorité, en rusant, en ralliant autour de lui ses autres frères et sœurs, aura, adulte, une *mentalité du genre leader-comploteur-opposant* au pouvoir hiérarchique fort.

Pour K. Horney, notre culture propose aux hommes un même type de situations à base de compétition et d'échec, de solitude affective et de défiance. Ce type de situations crée chez tous les hommes une anxiété interactionnelle de base. Pour affronter ces situations, l'homme a développé des attitudes « névrotiques » (névrotiques parce que ne participant pas de sa vraie nature et le mettant mal à l'aise). Selon les cas, on trouve donc chez nos contemporains des attitudes névrotiques : de recherche à tout prix d'affection et d'approbation (le « dépendant » de *mentalité infantile*) ; de refus de tout contact, de retrait de la vie (le « distant » de *mentalité insulaire*) ; de recherche de prestige et d'admiration des autres (l' « ostentatoire » de *men-*

talité exhibitionniste) et enfin de recherche forcenée de pouvoir, de réalisation personnelle et d'« indiscutabilité » (le « chef » de *mentalité exploitatrice et méprisante*).

Pour E. Fromm, la situation fondamentale créée par notre société est l'isolement affectif. L'homme moderne a gagné en autonomie, en liberté, en choix possibles, mais, en contrepartie, tous les liens affectifs se sont distendus. L'homme moderne est donc isolé affectivement et donc insécurisé et il va chercher à échapper à cet isolement fondamental par un certain nombre de « mécanismes d'évasion » qui déterminent de grands types de « caractères » fondés sur des « attitudes » prédominantes. Fromm distingue ainsi : 1) L'attitude réceptive fondée sur la certitude existentielle que la source de tout bien se trouve dans l'environnement. Cela donne *une mentalité passive et dépendante*. 2) L'attitude exploitatrice, fondée sur la certitude que tout bien se trouve hors de soi et que l'on peut obtenir ce bien non par des dons d'autrui mais par la force et la ruse. Cela donne *une mentalité d'exploiteur*. 3) L'attitude thésaurisatrice. L'isolement affectif a eu l'effet opposé à celui des premiers cas et a persuadé l'individu que rien de bien ne pouvait venir de l'extérieur. Les individus de cette mentalité s'efforcent de se prémunir et de ne rien donner d'eux-mêmes. On peut dire qu'ils ont *une mentalité d'assiégé*. 4) L'attitude mercantile qui prend sa racine dans l'expérience du Soi envisagée comme monnaie d'échange pour rompre l'isolement. Les individus de cette mentalité s'efforcent de se rendre aussi attrayants que possible afin de plaire. Ils ont *une mentalité de séducteur*.

Il est intéressant de remarquer, sur ces exemples tirés d'E. Fromm, comment une même situation générale : l'isolement affectif, peut générer des mentalités différentes. Le déterminisme, comme toujours en sciences humaines, est loin d'être absolu, l'élément fondamental d'une situation ne fait pas toute la situation. D'autres facteurs interviennent dont les effets, combinés entre eux et avec les « prédispositions des sujets », sont difficiles à prévoir dans une extrême rigueur.

Pour A. Hesnard (1949), la situation inévitable et fondamentale de l'enfance est la rencontre et l'affrontement des interdits. En général, dit-il parlant de notre société du XIXe siècle et du début du XXe siècle, cette situation se passe dans un climat de culpabilité. Toute l'éducation chrétienne traditionnelle est culpabilisatrice. On va toujours « pécher », il faut toujours craindre Dieu, le Diable et l'Enfer. Ajoutons à cela que les modèles d'éducation sont punitifs (fessées, martinet, cachot, pain sec...) et angoissants (loups-garous emportant les enfants désobéissants).

Ainsi la manière dont la culture des années passées abordait les interdits a fabriqué des générations d'adultes à la *mentalité de craintifs-coupables*. Presque à l'inverse, on pourrait dire, en étudiant comment l'enfance des futurs délinquants est une enfance où ils ne rencontrent pas d'interdits, de contraintes et de punitions, que l'éducation contemporaine des « enfants rois » est actuellement à l'opposé de celle décrite par Hesnard. Une telle éducation protégée développe un fort narcissisme, une intolérance aux contraintes, l'idée que tout est possible, d'où l'incessante recherche des limites de la tolérance de la société et les attitudes de provocation constitutives de la *mentalité délinquante*.

Avec Laing (1968) et les antipsychiatres on peut dire aussi que la situation inévitable et fondamentale de l'enfance est la situation de constitution de l'identité personnelle. En effet, l'entourage socioaffectif, par ses comportements, ses attitudes, ses réflexions... propose sans arrêt à l'enfant une définition de lui-même. Cet enfant est : « le brave petit qui ressemble à... », « le vilain grand frère qui... », etc. Par ailleurs, cette définition de l'identité de l'enfant est aussi produite par les mécanismes plus complexes de mise en place des rôles dans le système familial comme par exemple : le rôle de « fils à maman », de « porte-parole du sous-groupe des femmes », etc. (cf. A. Mucchielli, 1983, p. 290-295). Autrement dit, l'entourage socioaffectif immédiat de l'enfant lui propose une définition de lui et un rôle à tenir. Lui est ainsi « imposée » une identité. Ce qui va façonner les attitudes de l'individu envers les proches affectifs et envers lui-même, ce sera la manière dont il aura vécu cette définition de lui-même. Laing étudie, en psychiatre qu'il est, les effets destructeurs sur la confiance en en soi des injonctions parentales constitutives d'identité négative (tu n'es pas ceci, tu ne seras jamais cela, tu n'es plus mon gentil bébé, etc.) (cf. le « Que sais-je ? » sur *L'identité*).

Tous ces psychologues sont donc d'accord sur le fait qu'il existe des situations marquantes intervenant dans la constitution des attitudes envers des objets nodaux précis.

Dans les exemples que nous avons pris, nous sommes facilement passé du niveau psychologique individuel au niveau culturel. Précisons le niveau des influences de la socialisation en décrivant les niveaux anthropologique, culturel et individuel de ces influences.

Le niveau anthropologique est constitué par l'ensemble des situations communes à tous les hommes (existence de différences d'âge, de sexe...). Ces situations sont vécues sensiblement de la même manière par tous les hommes, quelle que soit leur culture d'appartenance. Elles laissent donc le même type de trace. C'est là l'origine (outre quelques besoins physiologiques innés) des besoins humains fondamentaux (Linton). Prenons par exemple le « besoin d'affirmation de soi » (ou besoin de pouvoir, de domination, de réalisation de soi, de compétition...). Ce besoin est, dans toutes les cultures, beaucoup plus développé chez les hommes que chez les femmes. Margaret Mead (*op. cit.*, p. 148) démontre que cela est dû à la différence entre la situation vécue par la petite fille et le petit garçon dans leur relation avec la mère. La petite fille peut très vite s'identifier à sa mère. Son accomplissement trouve tout de suite l'image de sa réalisation. Pour le petit garçon la situation est très différente. Il s'aperçoit qu'il est différent de sa mère et que pour exister il doit s'en différencier. Il doit créer son identité en dehors d'elle. D'où cette espèce de conclusion psychologique, base du besoin d'affirmation de soi, tirée par des petits garçons : « Il faut que je fasse mes preuves pour être. »

Le niveau culturel est constitué par l'ensemble des situations communes et typiques d'une culture. Dans chaque culture, par exemple, il existe un ensemble d' « institutions primaires » communes qui interviennent de la même manière sur les individus. Citons par exemple les techniques de maternage des nourrissons, d'éducation des enfants (famille, école...), de socialisation des individus (système de récompense-punition, normes et institutions les appliquant...). Ces influences communes façonnent, chez tous les individus d'une même culture, un ensemble de valeurs-attitudes et de schémas comportementaux qui forment ce que nous avons appelé la « personnalité de base ».

Le niveau individuel est constitué par les situations marquantes vécues par chaque individu en particulier.

Ainsi une mentalité est constituée d'une série de valeurs relevant de différents groupes d'appartenance. On trouve les valeurs de notre groupe culturel large (la civilisation occidentale) ; les valeurs de notre groupe culturel national (la société française) ; les valeurs des différents groupes plus restreints dans lesquels nous vivons (notre famille, notre groupe professionnel, notre groupe politique...). En référence à ces valeurs on dit d'ailleurs : la mentalité occidentale (rationaliste, empiriste, individualiste...) ; la mentalité française (individualiste, anarchiste, critique...) ; ou on dit encore telle ou telle mentalité professionnelle.

III. — Mentalité et cadre de vie

On peut remonter à Hérodote — le père de l'Histoire — pour trouver les premières remarques systématiques sur les influences du cadre de vie sur la psychologie des peuples. Hérodote avait établi une classification des tempéraments des populations d'après l'influence exercée par le relief du sol, le régime des vents, la variation des températures, etc.

En parlant de psychologie des peuples, il faut évidemment évoquer Montesquieu et sa fameuse théorie des milieux. Pour lui, le milieu physique, et en particulier le climat, exerce, par l'intermédiaire des corps, une action déterminante sur la psychologie des populations. Au XIXe siècle, l'école dite de « la science sociale » pousse à l'extrême le déterminisme géographique. Après ces excès, la psychologie des peuples s'est dissoute dans l'ethnologie et la psychologie sociale, sans essayer de poser les bases d'une étude scientifique des influences du cadre de vie. Ces bases scientifiques peuvent être trouvées, comme je l'ai montré (1983) en explicitant la structure fondamentale du cadre de vie en question et la logique implicite qu'il contient et qui s'impose aux hommes.

Toute situation — comme nous le laissaient pressentir les études des culturalistes — contient donc sa logique. Cette logique est plus ou moins prégnante selon la force de ses contraintes. Elle finit par façonner la mentalité des hommes qui vivent dans la situation en question.

Je vais développer cette idée sur quelques exemples.

Logique du milieu forestier des tropiques humides et mentalité des autochtones. — Si l'on résume les observations des spécialistes (G. Rougerie, 1975), on voit que les contraintes situationnelles d'un tel milieu sont faites de trois éléments fondamentaux : 1) des conditions de facilité apparente de la vie ; 2) une infériorité définitive de l'homme dans sa lutte dans le monde extérieur ; 3) une fermeture de l'horizon de vie.

1) *Il y a d'excellentes conditions climatiques reposant sur la présence constante et élevée d'eau et de chaleur*. La végétation est foisonnante tout au long de l'année. Il n'y a pas de rythme végétatif heurté. La richesse du milieu végétal assure cueillette et chasse permanentes. On fait pousser facilement une gamme étendue de cultures aux récoltes échelonnées. La température élimine le problème du vêtement et de l'abri.

2) *Mais l'influence de l'ambiance climatique est insidieuse*. Les micro-organismes, les parasites foisonnent. Les insectes vecteurs de maladies répandent des épidémies et affectent la résistance des hommes, la mortalité ; surtout la mortalité infantile est élevée.

Parasitoses intestinales ou hépatiques facilitent encore la tâche des infections. Par ailleurs la prolifération végétale est une gêne constante pour le cultivateur. La brousse reconquiert son terrain dès qu'il relâche ses efforts.

3) *Le village est dans une clairière conquise sur la forêt.* Tout autour le mur des hauts arbres. On ne voit pas les cultures vivrières auxquelles on accède par des sentiers qui s'enfoncent tout de suite dans la forêt pour aboutir à d'autres clairières. Des points les plus élevés, l'homme n'embrasse que la forêt, plus ou moins haute, et les quelques espaces plus dégagés des cultures.

Ces observations des géographes s'accompagnent de descriptions des comportements de populations indigènes. Ils remarquent leur « découragement et un état d'esprit de résignation et de laisser-aller qui installe les groupes humains dans une stagnation à peine défensive ». Le géographe leur reproche leur imprévoyance et leur manque d'ingéniosité dans la recherche d'une organisation de la culture, de la récolte et de sa conservation. Les populations, dit-il, ont le souci constant de la postérité à assurer, ce qui entraîne un « repli craintif sur des sécurités biologiques qu'est l'importance donnée aux liens du sang ». Les autochtones voient le monde extérieur rempli de forces hostiles (génies des eaux, des bois, du sol...), ils sont animistes et développent de nombreux rituels de protection. Bref, conclut le géographe, ils appartiennent au « monde des espaces clos » par opposition au « monde des espaces ouverts » qui renvoie à deux mentalités radicalement distinctes.

Pour prendre un point de vue culturaliste fondé sur l'assimilation de la logique du cadre de vie, on peut donc dire que *la structure de la situation de vie impose sa logique aux habitants.*

De la facilité apparente de la vie, les habitants concluent que les efforts ne sont pas nécessaires. De leur infériorité dans leur lutte contre leur environnement, ils concluent aussi que leurs efforts sont vains et qu'il vaut mieux se réfugier dans des relations sûres. De la fermeture de l'horizon de vie, ils concluent à l'impossibilité de faire autre chose. Ce cadre de vie leur inculque donc la certitude que ce n'est pas la peine d'agir. Ces trois prémisses logiques : 1) les efforts ne sont pas nécessaires ; 2) ils ne servent à rien ; 3) il n'y a pas d'autres choses possibles, sont la base de leur *mentalité fataliste* et guident leurs conduites : laisser-faire, rituels de refuge et de défense, passivité intellectuelle.

La logique du milieu urbain et la mentalité citadine. — Je reprends ici, en le formalisant davantage, un article célèbre de G. Simmel (1979).

Selon la description de G. Simmel, le milieu urbain se caractérise par quatre éléments structuraux fondamentaux : 1) il exerce sur l'homme des stimulations intenses et variées ; 2) les rapports humains y sont quasi exclusivement médiatisés par l'argent ; 3) il ramène la lutte pour la subsistance à un conflit intellectualisé entre des partenaires humains ; 4) il exige des hommes une organisation rationnelle des activités et du temps.

Reprenons chacune de ces caractéristiques en examinant chaque fois leurs effets sur l'homme.

1) *La ville est un foyer de sollicitations.* Face à toutes ces sollicitations, chocs rapides et perturbations, l'homme a une réaction de distanciation protectrice. Il ne peut s'engager à fond dans tous les

contacts ni répondre aux sollicitations sans s'éparpiller mentalement. La réserve à laquelle il est contraint l'entraîne à la maîtrise de sa sensibilité et au développement d'une intellectualisation de ses réponses.

2) *Dans la cité les rapports sont médiatisés par l'argent.* Cet argent, qui intervient toujours et partout, qui neutralise la perception des individualités humaines, finit par faire perdre le sens de la qualité, génère une réaction d'indifférence à la qualité. Il réduit les différences à des différences de prix. Ces rapports renforcent les phénomènes de distanciation et d'intellectualisation vus précédemment.

3) *La lutte pour la subsistance est une lutte réglée avec ses semblables.* Ce n'est pas en luttant contre la nature que l'on doit assurer sa subsistance. Par ailleurs, la densité sociale renforce la concurrence, exige que l'on se spécialise, force à se distinguer des autres en inventant des différences. Il y a donc dans tout cela une nécessité de s'affirmer.

4) *La cité exige l'organisation rationnelle des activités et du temps.* Tout est calcul dans les échanges, nous l'avons vu. Les échanges gagnent en précision ; il y a des spécialistes de chaque question, il y a des lieux de rencontre, des heures de rendez-vous... Tout ceci renforce le primat de l'intelligence et la maîtrise de l'affectif et donc le sentiment que l'extérieur brime la « nature ». Sentiment renforcé par l'organisation de la cité (circulation, règlement, administration...) qui vient heurter l'individualisme et crée la frustration et son cortège de réactions agressives.

La ville génère donc des attitudes de mise à distance, d'intellectualisation et de compétition. Le citadin sera donc, si l'on en croit Simmel, un raisonneur, un peu blasé de toute chose, tendu vers l'affirmation de lui-même.

Choc acculturatif et crise d'identité culturelle. — Il nous est facile d'imaginer ce que donnerait comme désarroi la transplantation d'un homme natif de la forêt tropicale dans le cadre de vie urbain ou inversement. Transplanté, chacun de ces hommes se trouve dans un milieu avec lequel il n'est plus en accord. Ses attitudes fondamentales se heurtent à une logique de la vie pour laquelle elles ne sont pas faites. Ce choc, c'est ce que j'appelle le choc acculturatif. L'espèce d'adéquation cadre de vie-vision du monde n'existe plus et cela donne un sentiment de malaise.

Pensons à tous les immigrés du monde, arrachés à leurs terroirs et villages, que le progrès et ses avatars jettent dans les villes de leurs pays ou dans des villes étrangères prises pour des eldorados.

La crise d'identité alors vécue, le sentiment de mal-être, avec son cortège d'expressions défensives de repli sur soi ou de revendications, vient de cette inadaptation des logiques mentales (des mentalités) avec le nouveau cadre de vie (pour les réactions défensives aux menaces sur l'identité, je renvoie le lecteur au « Que sais-je ? » sur *Les mécanismes de défense*).

Ce raisonnement est valable pour tous les groupes dits « inadaptés » dans une société quelconque. Ils sont inadaptés parce qu'ils ont une autre culture. Ces groupes, au cours de leur développement, se sont forgé une logique propre qui est constamment invalidée dans le cadre de vie normal et général des autres groupes. Aussi leur frustration est constante, leur revendication permanente puisqu'il s'agit rien de moins, pour retrouver le sentiment d'identité et d'équilibre, que de renverser et de changer la logique « dominante ». Pensons aux délinquants, aux terroristes et aux diverses minorités actives qui agitent les démocraties occidentales. Leurs revendications se font d'autant plus agressives que la civilisation urbaine, qui diffuse largement ses valeurs, leur propose l'individualisme et la liberté d'expression comme normes idéales, normes dont ils se servent comme armes dans leur contestation.

IV. — Cadre de travail et mentalités professionnelles

Comme nous l'avons vu, les relations que l'on entretient avec son cadre de vie portent en elles des principes que l'on assimile. Le cadre de vie déteint sur le mental.

En ce qui concerne la vie professionnelle, on sait aussi comment la longue pratique d'une profession inculque une vision du monde et une mentalité. Quarante ans de comptabilité ne façonnent pas les mêmes attitudes que quarante ans de pratique de la vente à la clientèle. Les contraintes du métier contiennent une certaine logique dont on s'imprègne à la longue.

Les études sur les mentalités professionnelles confirment les conceptions culturalistes précisées par la théorie des logiques situationnelles que j'ai présentée.

C. Lévy-Leboyer (1971), par exemple, à partir d'une large enquête par questionnaire a cherché à reconstituer les attitudes fondamentales et les valeurs dominantes de certaines professions. Elle a mis en évidence la parenté des mentalités professionnelles des agriculteurs, des marins et des mineurs.

On peut dire que ces groupes professionnels ont une mentalité à la fois volontariste et désabusée. En effet, ils sont travailleurs et estiment à 75 % « qu'un travail opiniâtre vient à bout de tout », ils ne croient pas qu'ils puissent réussir : 90 % pensent qu'ils « n'ont jamais de chance quoi qu'ils fassent », et, par ailleurs, ils sont superstitieux, craignant le mauvais sort et voyant souvent, derrière les éléments naturels,quelques vies ou entités douées de volonté particulière.

Ce qui caractérise ces groupes professionnels, c'est la structure commune de leur cadre de travail. Ces trois professions sont : 1) en contact direct avec la nature (la terre, la mer, la mine) ; par ailleurs 2) leur travail demande un effort physique direct (même par l'intermédiaire des machines) et le résultat de leurs efforts est directement visible (les labours ou la récolte, la pêche faits, le minerai extrait) ; enfin 3) dans leur travail interviennent des circonstances naturelles imprévisibles et catastrophiques qui les menacent et surtout ruinent leurs efforts (grêle, tempête, coup de grisou ou poche d'eau...).

La structure de la relation au monde (ici au travail) distille les valeurs contenues en elle. Ces valeurs sont analogiques aux nécessités et contraintes impliquées dans cette structure de relation.

C'est un peu avec le même raisonnement implicite qu'un sociologue comme Crozier a décrit *la mentalité des cadres*. Cette mentalité est la mentalité dite « stratégique ». Le cadre croit au commandement libéral : il ne faut pas être autoritaire-distant, il vaut mieux être proche et savoir parler à ses collaborateurs, il faut savoir expliquer et convaincre, il vaut mieux créer une bonne ambiance de travail dans son équipe. Le cadre croit à sa supériorité : celle acquise par ses diplômes, celle qu'il possède naturellement par don qui lui permet d'avoir de l'influence, celle, innée aussi, de son intelligence. Il aime la discussion, les débats, les confrontations qu'il juge même nécessaires à la bonne marche du travail, à la genèse des bonnes solutions techniques qui existent toujours pour lui. Son modèle de comportement, du point de vue relationnel, est, dit Crozier, un modèle de négociation permanente. Il négocie avec ses subordonnés comme avec ses collègues ou encore avec ses supérieurs. Sa position de nœud relationnel ou encore d'échelon tampon induit ce comportement. Le cadre accepte l'autorité mais il la conteste volontiers et préfère s'en remettre à la discussion avec ses collègues pour trouver des solutions à ses problèmes. Il prise peu les contestataires irréductibles qui ne savent se laisser convaincre par lui ou entraîner par son charisme naturel. Le cadre est en compétition permanente avec ses pairs. Il faut que ses idées passent, qu'on reconnaisse ses efforts et sa valeur. Il a une « carrière » à réaliser et compare sans cesse son état à celui de ses collègues ou de ses camarades de promotion. Le cadre estime donc que sa vie professionnelle est une lutte de tous les instants dans laquelle il court en permanence un certain nombre de risques. Surtout le risque de perdre sa place et son statut. Dans toutes ses relations sociales, il s'efforce de négocier la reconnaissance de sa valeur qu'il aime par ailleurs afficher avec de nombreux objets de consommation de standing.

Sainsaulieu (1976) a décrit la *mentalité de la solidarité ouvrière* des ouvriers du travail de force dans une fonderie. Dans cette fonderie, l'environnement du travail est celui d'une usine du XIXe siècle. Les conditions de travail sont pénibles dans un environnement vétuste. On est confronté au danger (feu, métal en fusion...). Seule importe sa force physique, il y a juste un tour de main à acquérir et aucune perspective d'avenir et de promotion. Le travail est répétitif et ne demande aucune initiative, les pièces sont faites en grand nombre. Beaucoup d'ouvriers ne supportent pas ces conditions de travail et le turn-over est important. Dans ces conditions on observe, sur les lieux de travail, une mentalité commune. Cette mentalité est faite des attitudes suivantes : soumission et acceptation de l'autorité du contremaître, entraide dans le travail, refus de considérer les différences, refus de la polémique et des discussions d'opinions (donc recherche de la cohésion du groupe), recherche du consensus, ralliement des minorités à la majorité.

Le même auteur décrit la mentalité, tout à fait différente, des monteurs électrotechniciens, ils ont une *mentalité d'affinités sélectives*. Celle-ci se comprend par rapport à leur cadre de travail et à la nature de leur travail.

Ces électrotechniciens travaillent dans un environnement moderne, dans une atmosphère peu bruyante. Dans ce lieu de travail, on a l'impression d'être à mi-chemin entre le bureau d'étude et la boutique d'électricien. Chacun a une grande liberté de travail dans la construction de son montage-câblage d'armoire électrique. Le travail demande un savoir-faire manuel et un esprit d'invention pour faire face aux imprévus des plans. Le travail est varié. Il faut trouver de nouvelles solutions. On se déplace pour aller voir et apprécier les trouvailles des autres. On travaille en équipe de deux. On discute, on échange sur le travail. On voit sa réalisation dont on est responsable et on peut la comparer aux réalisations des autres. Des possibilités réelles de promotion sont offertes, on y pense et on sait qu'en améliorant ses capacités on peut les atteindre, c'est-à-dire passer au bureau d'étude et poursuivre pour devenir ingénieur. Ces électrotechniciens ont une mentalité au travail faite des attitudes suivantes : de recherche de partenaires privilégiés, de volonté de promotion, d'acceptation des sous-groupes et noyaux, d'indifférence envers l'autorité du chef d'atelier, de recherche de la bonne ambiance de travail, de neutralité envers le leader beau parleur et la loi de la majorité.

V. — Conclusion

Ce qui façonne une mentalité a pu être réduit, dans une approche très rationaliste, à une logique de contraintes, logique contenue soit dans l'ensemble des phénomènes que représente la culture, soit dans l'ensemble des contraintes que représente un métier.

Dans tous les cas, c'est le système relationnel dans lequel est inséré l'individu qui l'influence et façonne sa mentalité. Le renouveau de l'étude des mentalités passe par l'étude des éléments primordiaux des relations entretenues par l'acteur avec son cadre de vie et bien sûr de l'ensemble des contraintes de ce cadre de vie.

C'est ainsi que l'on peut définir des structures types d'éducation familiale qui « fabriquent » (comme le disent les antipsychiatres) des adultes aux mentalités bien spécifiques. C'est ainsi que l'on peut étudier la structure de système éducatif volontairement construit pour fabriquer « les enfants du rêve ». C'est ainsi que l'on peut comparer les conduites de deux populations qui, à des siècles de distance, se retrouvent dans deux sociétés différentes mais à la « structure de blocage » identique (cf. A. Mucchielli, 1983).

Il est important de voir que ce n'est jamais un élément seul qui concourt à la formation de la mentalité et que les principaux éléments d'influence sont non conscients. Ce sont les attitudes, les modèles idéaux de référence, les habitudes... bien des choses impalpables de la culture.

Si, par exemple, un peuple a une *mentalité mili-*

tariste, ce n'est pas uniquement parce que à cinq ans on apprend à lire aux enfants sur des albums qui expliquent, avec des illustrations de tanks, de missiles..., les principales séquences d'une offensive victorieuse, c'est parce que tout le reste de la culture est militariste : prestige des militaires, pouvoir réel des militaires, omniprésence des modèles militaires... L'information militariste est insérée dans un totalitarisme culturel qui valorise de multiples façons, et à tous les niveaux, le modèle militariste.

On peut donc dire déjà, avant notre chapitre sur le changement des mentalités, que vouloir changer une mentalité par la seule information est utopique, cela ne peut aboutir qu'à la contrainte. De la volonté de changement de mentalité à partir de l'information découle la mise en place d'un totalitarisme culturel.

CHAPITRE IV

ÉVOLUTION ET CHANGEMENT DES MENTALITÉS

Le changement de mentalité fait partie de ce que l'on appelle *le changement social.* Le changement social étant, à un moment donné, le résultat sur la société des transformations dans les attitudes et les comportements des individus, c'est-à-dire de transformation de mentalité (Decouflé, 1976). L'étude du changement social est donc l'étude des relations entre les changements affectant les mentalités et les changements affectant divers autres éléments de la culture et de l'organisation sociale (et réciproquement).

L'étude des mentalités est capitale pour l'étude de tous les phénomènes de changement dans les sociétés. On ne peut examiner les changements techniques, économiques, organisationnels, législatifs... sans examiner les changements culturels (et donc les changements de mentalités) qui ont lieu concomitamment.

Bien que tout changement soit à inférer à des causes multiples (économique, démographique, technologique, politique, sociale, culturelle...), je serais tenté de faire après M. Weber, du changement de mentalité, *la condition nécessaire* de tout changement par opposition à l'adaptation. On connaît la célèbre thèse de M. Weber. Pour lui, l'éthique de la Réforme a engendré l'esprit capitaliste moderne. La Réforme a libéré l'économie des lois de la morale religieuse. La doctrine calviniste de la prédestination et du don gratuit de la grâce aboutit à créer chez ses fidèles une mentalité opposée à tout mysticisme, faisant du travail un devoir, de la réussite individuelle un signe d'élection et du refus de récompense terrestre une vertu. Ainsi, par l'idéal du travail et l'obligation de frugalité sont établies les conditions de l'accumulation des liens productifs. Cet *ethos* protestant n'étant d'ailleurs pas la cause unique de l'essor du capitalisme.

Lorsqu'un économiste comme Fourastié (1952) étudie deux faits fondamentaux de l'évolution contemporaine : l'accroissement du rendement du travail et le déplacement de ce qui a de la valeur dans la société d'abondance, il insiste sur l'intrication des causalités techniques, économiques et socioculturelles. Mais tout en prenant comme objet préférentiel d'analyse les modifications intervenant dans le secteur économique, il avoue que certaines idées et certaines valeurs culturelles sont nécessaires pour que les changements se réalisent.

Lorsqu'un autre économiste comme Galbraith (1979) examine pourquoi, dans certaines sociétés du Tiers Monde, il est impossible de faire réaliser aux populations des changements techniques et économiques, il avoue que tout passerait par un changement de mentalité. Ce changement de mentalité étant, quant à lui, totalement bloqué par des conditions écologiques et sociales.

Lorsque les sociologues du développement (C. Rivière, 1978) étudient les phénomènes de modernisation dans différents sous-groupes ou sociétés, ils reconnaissent que derrière tout « développement » il y a certes des conditions techniques, économiques et politiques, il y a surtout des attitudes nouvelles et une conception nouvelle du monde.

Le problème qui se pose alors à nous est de savoir quels sont les causes ou les facteurs du changement de mentalité, quelles sont les conditions favorables ou défavorables à l'apparition de nouvelles attitudes et de nouvelles conduites.

I. — Les conditions générales du changement de mentalité

Pour que les mentalités puissent évoluer et changer, il faut et il suffit que trois conditions générales soient réalisées simultanément : 1) que la situation exerce une pression suffisamment forte sur le groupe pour que cette pression soit ressentie par la majorité des acteurs ; 2) qu'il existe des zones de libertés possibles dans la société et, 3) que les acteurs aient connaissance de modèles socioculturels nouveaux, répondant aux nouveaux besoins et suffisamment valorisés.

1. **L'existence d'une pression de la situation : disjonction, contradiction, frustration.** — J'ai largement montré ci-dessus comment toute situation contenait sa logique implicite. Il est bien évident alors qu'à un changement suffisamment pertinent de la situation correspond un changement de la logique implicite. Celle-ci exerce alors sur les individus une pression qui se trouve en porte à faux avec les mentalités résiduelles dues à l'ancienne situation. Sans être aussi aigu que dans le cas où les individus sont transplantés d'une logique situationnelle dans une autre, un sentiment de malaise apparaît. Il pousse les individus à adopter d'autres comportements et donc à acquérir une autre mentalité en accord avec la logique situationnelle

nouvelle. On trouve cette notion d'inadéquation logique situation-mentalité formulée sous le concept de « disjonction » de Bell (1976) ou de « contradiction culturelle » de R. Aron (1969). Il s'agit de la même dysharmonie entre la structure sociale et le système des mœurs et des valeurs qui génère une sorte de tension psychologique collective. Les recherches en psychiatrie sociale (B. Dissertori, 1975) ont par ailleurs montré que la tension psychique engendrée pouvait faire surgir des réactions primitives de violence agressive (et autoagressive : suicide, toxicomanie...).

Sans aller à ces extrémités, des études de sociologie du travail (C. Lévy-Leboyer, 1975) ont montré comment le changement de mentalité se faisait naturellement lors des étapes de la vie professionnelle (nouveau métier, promotion...), et aussi lors des étapes de la vie familiale (mariage, premier enfant...). Ces situations nouvelles impliquant des relations nouvelles et des conduites nouvelles.

C'est ici aussi qu'il faut nous servir d'une notion essentielle introduite dans les sciences humaines ces dernières années par les phénoménologues et les sémioticiens : la notion de *contexte*.

On sait que le même élément peut prendre des sens différents dans différents contextes (exemple : le sens du travail dans une société de pénurie ou d'abondance). *La notion d'effet de contexte* est primordiale pour comprendre les influences de la situation sur les transformations des mentalités.

Le contexte situationnel change aussi bien sous l'influence des traumatismes (guerre, catastrophe naturelle, crise économique...) que sous l'influence de petites variations multidimensionnelles et diffuses (découverte technique, petit phénomène démographique, accroissement de prestige ou dévalorisation d'un groupe social...). Les résultats de ce changement sont les transformations de sens qui affectent les objets nodaux et réorientent donc la vision du monde des acteurs sociaux.

Par ailleurs, pour qu'il y ait possibilité de changement, il faut que la nouvelle vision du monde entraîne une certaine frustration envers la situation actuelle de vie et crée certaines aspirations nouvelles. C'est ce que dit Bastide (1971) lorsqu'il énonce qu'un élément culturel d'une société pourra changer lorsqu'il existe dans cette société des « besoins » non satisfaits ou mal satisfaits.

L'effet de contexte est aussi bien lié aux transformations internes à une société qu'aux transformations qui affectent son environnement externe.

Pour J. Fourastié, par exemple, l'ensemble des progrès et des transformations du cadre de vie permis par l'essor des sciences expérimentales (XVIIIe siècle) a fait naître, dans les classes dirigeantes, un fantastique espoir en l'avenir. Pour lui, cet ensemble de résultats tangibles des sciences a finalement transformé « les images séculaires que les Européens se faisaient de l'univers, de l'homme et de la condition humaine ». Cette nouvelle mentalité est donc issue d'un ensemble de transformations (surtout techniques mais qui ont leurs répercussions économiques et sociales) qui ont fait surgir comme objet nodal fondamental la notion de « progrès » autour duquel toute une nouvelle conception du monde s'est réorganisée.

Un autre effet de contexte se déroule actuellement et change, pour certains groupes sociaux, la signification du « progrès ». Le progrès est associé à ses méfaits : la guerre atomique, les armements, la pollution de la nature... et paradoxalement aussi, comme le montre Fourastié, il exacerbe l'envie et les frustrations. Le progrès devient donc négatif, sa valeur s'étiole et monte au firmament tout ce qui touche au retour à la nature (vie naturelle rétro-innovations, intérêt pour le passé, etc.), les comportements « écologistes » avec rejet de la culture ambiante sont valorisés.

Bien souvent donc, l'effet de contexte est à la source de pressions créant une frustration.

2. **L'existence de zones de liberté.** — C'est la deuxième condition nécessaire. Des comportements nouveaux doivent pouvoir s'exprimer dans la société. Ceci doit être possible moralement et matériellement.

Ceci nécessite des tolérances et l'existence de zones d'expérimentation permises pour certains acteurs. Les blocages et les freins moraux doivent être levés. Les contrôles sociaux doivent se faire moins pesants, les traditions moins rigides. Le novateur ne doit plus risquer la mort ou la mort sociale (souvent équivalente) pour ses idées ou actions. L'idéologie sociale dominante (scientifique, religieuse ou autre) ne doit plus être totalitaire et rigide. Le système de valeurs de la mentalité en place doit avoir une certaine souplesse pour pouvoir tolérer, assimiler ou développer — sans s'effondrer en bloc — les nouvelles valeurs sous-tendant les nouveaux comportements.

Tous les sociologues ont noté que le changement des coutumes et des comportements était rendu possible par un changement du *contrôle social*. Le contrôle social est l'ensemble des moyens exercés par un groupe pour faire respecter ses normes et ses règles.

Dans les sociétés traditionnelles, petites et closes (un village rural), ce contrôle social est pesant et sans faille car exercé par tous sur tous. G. Duby et A. Wallon ont bien montré dans leur *Histoire de la France rurale* comment l'affaiblissement du contrôle social était tributaire d'un ensemble d'autres transformations : introduction de machines agricoles (qui transforment les rapports entre l'homme et la nature en désacralisant le travail agricole) ; changements sociaux par l'arrivée de l'école, des administrations ; par l'exode rural des jeunes ; changements apportés par les jeunes ruraux revenant du service militaire, du travail à la ville... Alors les anciens et le village tout entier relâchent leur contrôle et les nouvelles attitudes peuvent s'établir activant le processus de changement de mentalité.

Les sociologues ont remarqué que tous les changements techniques et sociaux de notre société ont pour caractéristique fondamentale de contribuer à la levée des contraintes morales et matérielles. Si ceci insécurise globalement, cela concourt à faire de la « civilisation industrielle » une société où les changements de mentalités sont rendus possibles.

Un historien comme N. Elias (1969) fait remonter la baisse d'influence des contrôles sociaux traditionnels au XVIIIe siècle lorsque la vie sociale éclate en deux domaines séparés : le domaine professionnel et le domaine privé. L'individu peut alors être moins dépendant du contexte social immédiat (ce qui, par ailleurs, renforce l'individualisme).

Les conditions matérielles ne sont pas moins importantes. L'environnement écologique, technique, économique, doit ouvrir des possibilités nouvelles. Les conduites doivent pouvoir s'affranchir de contraintes matérielles rédhibitoires. Si un groupe d'hommes peut encore supporter la réprobation et la punition morale en puisant ses forces dans un idéal, les nouveaux comportements ne résisteront pas aux sanctions matérielles répétées qui entraîneront la misère et la mort.

Tous les historiens du Moyen Age sont d'accord pour noter que des transformations essentielles de la représentation du monde sont intervenues lorsqu'un certain progrès démographique, économique et social a permis aux hommes de se libérer de préoccupations immédiatement vitales, c'est-à-dire des formes de survie face aux guerres, aux famines, à la nature hostile et non dominée (froids, catastrophes, épidémies...).

Galbraith (1980) décrit comment une mentalité favorable aux innovations techniques — et donc l'adoption de nouveaux comportements — est absolument impossible chez certains peuples du Tiers Monde car, d'une part, les conditions de pauvreté sont telles que personne ne peut prendre le risque d'échouer à cause d'un nouveau comportement (la sanction est la mort de faim) et, d'autre part, en cas de réussite, soutenue par les finances des organismes internationaux, le milieu social ambiant pompe immédiatement la moindre richesse supplémentaire acquise, décourageant définitivement l'innovateur de faire tant d'efforts et de tant braver les traditions. Tout au contraire, dans les pays riches, chacun a l'assurance d'être payé de ses efforts d'où l'attitude positive face à l'effort innovateur et la croyance en la valeur de l'effort *(mentalité de l'effort)*. Pour Galbraith, une telle mentalité résulte d'un conditionnement positif effectué sur les actions humaines par l'environnement.

Comme le dit encore Bastide, il faut des possibilités de réussite au bout des conduites novatrices, il doit exister des sanctions sociales positives. Elles sont la base du premier conditionnement positif qui ancrera les conduites en les valorisant définitivement.

3. **L'existence de modèles socioculturels valorisés.** — Pour que les mentalités puissent changer, la réalisation de cette troisième condition, simultanément avec les deux autres, est nécessaire.

Les sources de modèles comportementaux sont nombreuses dans les sociétés ouvertes et un tant soit peu complexes.

Il y a d'abord les modèles connus, comme appartenant au passé culturel, mais que l'on peut réactiver pour les besoins des frustrations (le « prendre son temps » pour voyager comme autrefois en roulotte, à cheval ou en coche d'eau...). Il y a les modèles comportementaux qu'offrent les différents groupes sociaux (internes ou externes) aux autres groupes (le modèle des capitaines d'industrie pour la noblesse ou de la bourgeoisie pour les ruraux) ou encore des disciples de shriva vus à la télévision par les adolescents occidentaux. Il y a les modèles offerts par les élites culturelles, modèles le plus souvent pris dans des sociétés extérieures par imitation (phénomène acculturatif par les élites).

Les modèles socioculturels nouveaux sont souvent véhiculés par les individus qui ont vécu d'autres expériences en dehors de leur groupe culturel et qui y reviennent chargés de prestige et ayant acquis des modèles comportementaux nouveaux.

Ainsi sont les immigrés kabyles décrits par Khellil (1979) qui reviennent au pays chargés des objets extrêmement convoités, acquis par leur travail en France (voiture Peugeot, radio, télévision...), auréolés d'un nouveau prestige et qui commencent à vivre « à la française » (se font construire une maison avec des pièces séparées, vont à la ville aux spectacles...).

Ainsi sont les Noirs ruraux qui ont été à la ville travailler et qui reviennent dans leur village en ayant acquis de nouveaux comportements. Ou encore ces autres Noirs décrits par Balandier (1967) enrôlés pour les guerres coloniales françaises et qui reviennent au village prestigieux avec des décorations et des pensions, mais aussi surtout avec une nouvelle conception de l'autorité (de compétence) et de nouvelles attitudes relationnelles acquises avec leurs camarades de combat et qui s'accommodent mal des traditions villageoises.

Lorsque les modèles attitudinaux ou comportementaux nouveaux n'existent pas et que leurs conditions d'apparition sont remplies, il faut attendre leur « invention » par quelque groupe social. Certaines élites, habituellement plus libres vis-à-vis des contraintes morales et matérielles, se chargent de cette invention et l'innovation se répand par imitation. Le changement sera donc plus lent, il dépend des possibilités de diffusion du modèle.

G. Talese (1980) raconte comment une élite intellectuelle et artistique est parvenue à imposer aux Etats-Unis, puis au monde occidental, une « nouvelle morale sexuelle » (la sexualité de groupe).

Ces « innovateurs sociaux » ont tous au départ un sentiment de frustration et un commun rejet des modèles relationnels sexuels « normaux ». Ceci est dû au fait qu'ils ont tous eu des difficultés relationnelles pendant leur enfance. Tous ont souffert du manque d'affection de leurs parents et de la pauvreté des échanges affectifs avec leur entourage. Ils refusent ensemble le modèle du couple parental traditionnel, décident de refuser « l'attachement » à un partenaire unique et de promouvoir des relations sexuelles sans sentiments et complications romantiques fondées sur l'échange des partenaires en groupe. Les possibilités de constituer un groupe, de fonder une communauté et de trouver des ressources pour vivre sont faciles à réunir en Californie grâce à l'argent des fondateurs et à l'intérêt que suscite le mouvement chez des adeptes ravis de l'aubaine. Le groupe invente alors ses cérémonies et rituels sexuels, un grand prêtre et des prêtresses officient, on met au point dans le concret « cette nouvelle morale sexuelle ». Journalistes, revues, livres... témoignent bientôt de cet événement dans l'Amérique puritaine pour une part choquée, pour une autre part enthousiasmée. Ces nouveaux comportements sexuels attirent tous ceux — et ils sont nombreux — qui étaient « frustrés » et des clubs et des groupes adeptes de la nouvelle morale prolifèrent dans le monde occidental. La valorisation de telles conduites est assurée par l'admiration qui accompagne normalement — dans la société extrême-occidentale — les pionniers, ceux qui osent dépasser les tabous.

Cette présentation des conditions du changement de mentalité nous permet de faire quelques remarques générales.

Il semble évident que, pour la plupart des groupes de la culture occidentale, ces conditions d'évolution sont toujours réunies. L'environnement technique, économique, scientifique, politique... évolue sans arrêt, les espaces de libertés et les modèles comportementaux valorisés existent. On peut donc dire qu'une des caractéristiques de la société occidentale est l'évolution permanente des mentalités des sous-groupes qui la composent.

Ces données permettent de réfléchir aux conditions de l'intervention sociale efficace. Le diagnostic préalable de la situation se fera par l'analyse structurale des conditions générales de vie du groupe en question (cf. A. Mucchielli, 1983, chap. « L'analyse situationnelle »). Les actions des intervenants se feront ensuite simultanément dans les trois domaines des contraintes de vie, des zones de liberté et des modèles valorisés.

II. — Les phases du changement de mentalité

Les phases du changement d'opinion et de mentalité sont bien connues depuis les travaux des psychosociologues (K. Lewin).

Il y a tout d'abord, une phase de mise en question des croyances et des attitudes. Cette phase est appelée *unfreezing*. C'est la mise en question du système de valeurs. Le doute doit atteindre le noyau des valeurs. Cette phase peut être plus ou moins longue. Les événements durant plusieurs décennies remettent en question les croyances d'un peuple ou un choc culturel violent (une révélation, une guerre...) fait s'effondrer une représentation collective.

Chevauchant cette phase et la suivante il y a une phase de malaise que l'on appelle la crise culturelle. Tension ressentie par tous les membres du groupe, phase de révolte ou d'abattement qui voit apparaître des essais de comportements nouveaux auxquels tout le corps social est attentif. La collectivité est à la recherche de nouvelles normes, d'une nouvelle représentation homogène du monde. Des sous-groupes, plus sensibles au malaise, fuient à corps perdu dans des contre-cultures d'occasion qui se révéleront éphémères et dont on ne retiendra aucune innovation culturelle.

Une phase d'élaboration de nouvelle croyance survient ensuite. Là aussi c'est une phase plus ou moins longue. Par effet de contexte peut surgir un nouvel objet nodal, les élites peuvent inventer de nouvelles normes, une catastrophe humaine peut fixer une nouvelle valeur clé... L'ancien système, même ébranlé, s'effondre rarement d'un seul coup. Il subsiste pendant un certain temps des croyances hétérogènes qui petit à petit trouvent à se situer et à se hiérarchiser avant que certaines disparaissent.

La dernière phase est la phase de systématisation des valeurs nouvelles ou phase de *freezing*. Les nouvelles valeurs sont plus clairement saisies, les élites les promeuvent et les défendent et explicitent pour tous la nouvelle vision du monde qu'il faut désormais avoir (que l'on pense aux explications multiples déclenchées par une nouvelle théorie scientifique qui devient tout d'un coup la norme scientifique). Les valeurs délaissées sont systématiquement dévalorisées, le corps social retrouve une plus grande homogénéité, un plus grand dynamisme et donc une nouvelle identité culturelle.

III. — **Quelques sources et mécanismes particuliers de l'évolution des mentalités**

Au point actuel de notre réflexion, le lecteur aura compris qu'il n'existe pas de déterminant absolu du changement de mentalité. La causalité est toujours multiple et rétroactive. Les influences réciproques circulent dans un réseau réticulé d'interactions où il est impossible de déterminer une origine absolue des phénomènes. La meilleure façon de résoudre le problème de la genèse des valeurs nouvelles est, comme je l'ai montré ci-dessus, de considérer comment, par *effet de contexte*, des objets nodaux nouveaux apparaissent.

En sociologie du changement, on considère traditionnellement avec G. Balandier (1971) deux types de changements. Les changements dont la dynamique est d'origine interne, les changements dont la dynamique est d'origine externe. Nous allons examiner quelques cas particuliers de ces dynamiques culturelles.

Frustration et contre-acculturation. — J'ai déjà été amené à définir (*Les motivations*, « Que sais-je ? », p. 95) ce qu'est une situation frustrante. Une situation frustrante est une situation dans laquelle un individu ou un groupe ne peut mettre en œuvre ses attitudes et où ses croyances, aspirations et valeurs sont contrées et mises en échec.

La frustration — qui est un sentiment — surgit lorsqu'on a l'idée qu'on pourrait être et faire autrement et s'en trouver mieux ou s'en trouver valorisé. La frustration nécessite la représentation de choix et d'espaces de liberté.

La frustration surgit aussi lorsque la situation sociale relationnelle est mal acceptée affectivement. Ce sentiment de bien-être affectif, base de l'acceptation des valeurs ambiantes, est lié, comme l'a bien vu le premier G. H. Mead, à la qualité de la reconnaissance-acceptation accordée par l'entourage social.

Les sociologues américains (E. Hogen, T. Parsons) étudiant la personnalité de l'innovateur ou de certains déviants ont montré comment les valeurs nouvelles que proposaient ces « agents de changement » étaient nées de leur opposition affective à leur « milieu socialisant primaire » (leur famille). L'innovateur, ne pouvant s'identifier à son père, qu'il ne peut aimer, cherche à être et faire différemment et trouve donc d'autres valeurs qu'il s'efforce de réaliser car c'est la définition même de son être qui est en jeu. De même, pour Parsons, la déviance a pour cause essentielle les échecs des identifications socialisantes dus à des oppositions personnelles aux agents socialisants. Ceci entraîne la volonté de promouvoir des contre-valeurs (valeurs qui se définissent par opposition à d'autres). Des psychologues comme Robin *(Les haines familiales)* ou des psychiatres comme Laing *(La politique de la famille)* nous ont habitués à voir dans l'éducation familiale la source de frustrations, de réactions négatives et de nouvelles valeurs (nous avons vu plus haut le cas des promoteurs d'une « nouvelle morale sexuelle » décrit par G. Talese).

Ce qui vaut pour le milieu familial vaut pour tous les autres milieux d'intégration sociale de l'individu. La littérature nous a donné de nombreux témoignages de révoltés par l'école, par le milieu de travail ou telle ou telle éducation reçue...

Dans ce que nous venons de dire, nous avons toujours supposé remplie la condition essentielle de l'existence d'autres valeurs et d'autres modèles de comportements possibles. En effet, il n'y a frustration que dans ce cas, la frustration est toujours relative. Elle nécessite la représentation d'un autre possible. Sinon, il y a écrasement de la personnalité ou constitution d'une personnalité névrotique défensive comme l'ont montré les études des antipsychiatres sur les familles pathologiques (Laing et Esterson, 1977) et des ethnopsychiatres sur les sociétés traditionnelles fermées.

En ce sens, l'introduction, dans une société homogène et relativement close, de nouveaux modèles extérieurs est une sorte de frustration qui initialise le changement social. Les nombreuses études sociologiques rapportant les phénomènes liés à la colonisation en témoignent.

G. Balandier (1955) nous rapporte les phénomènes d'acculturation et de contre-acculturation qui ont touché la société Fang lors de la colonisation. Il s'agit d'une société traditionnelle dont les institutions de base sont le clan, la loi des anciens, la prééminence du fils aîné, la famille restreinte, le système de circulation exogamique des femmes.

La colonisation y apporte de nouveaux modèles de comportements que vont surtout expérimenter les jeunes : le travail salarié, la relation hiérarchique militaire, les relations avec le missionnaire, le commerçant, les femmes vénales (prostitution des villes). Ces modèles nouveaux sont très valorisés : le Blanc domine et est prestigieux. Les valeurs traditionnelles s'effritent, le contrôle social se relâche. La hiérarchie sociale traditionnelle est mise à mal par la hiérarchie nommée par les autorités, une compétition non contrôlée pour les femmes se développe, le clan se vide de sa substance par les immigrations engendrant l'insécurité, une économie nouvelle apparaît avec un modèle nouveau : le cultivateur...

L'identité Fang se déstructure jusqu'au moment où les conflits, les ambiguïtés des situations nouvelles créées ne peuvent plus être maîtrisés par ceux qui n'ont pas acquis les nouveaux comportements. Un sentiment de malaise collectif et individuel se développe. Une réaction contre-acculturative voit le jour. Les Fang créent le culte *Bwite*, nouveau culte qui est à la fois rejet de la religion imposée et invitation originale pour rechercher la puissance des Blancs et retrouver la force et la fécondité. Dans le mouvement de l'*alar ayôg*, les Fang renouvellent leur institution clanique en réinventant une hiérarchie de dignités parodiant les institutions coloniales dans laquelle les femmes retrouvent leur place en tant que personne... Toutes ces réactions sont la preuve de transformations mentales reconstruisant une nouvelle identité ayant intégré certaines valeurs de modernisation des colonisateurs. (Un dignitaire ne disait-il pas : « Nous empêcher de faire l'*alar ayôg*, c'est vouloir nous laisser dans la sauvagerie ».)

Comme je le soulignais plus haut, les sociétés occidentales contemporaines sont des sociétés dans lesquelles s'ouvrent de plus en plus de choix et d'espace de liberté. Les changements — importants ou faibles — dans tous les domaines concourent à la levée des contraintes. Ces espaces de liberté, dont l'existence est portée à la connaissance de tous, par la formidable explosion des *mass media*, contribuent à alimenter le sentiment de frustration permanent de l'Occidental moyen.

Un troisième élément, surtout valable pour nos sociétés occidentales, intervient dans la genèse de la frustration. C'est l'accroissement du niveau de vie associé à la montée de la valeur égalitariste. C'est là une idée classique, reprise depuis Tocqueville par tous les sociologues, que de constater la sensibilisation de plus en plus grande aux inégalités au fur et à mesure que celles-ci se réduisent.

C'est au XVIIIe siècle que l'égalité est devenue une exigence assimilée par tout un peuple qui s'en est fait ensuite le propagandiste prestigieux dans tout l'Occident. Cette valeur est finalement devenue une valeur fondamentale de notre société occidentale.

Au XVIIIe siècle se trouve réalisé un ensemble de conditions qui polarise l'attention du corps social sur les inégalités (effet de contexte faisant surgir un objet nodal). Parmi les conditions citons : le développement de l'esprit critique, du raisonnement et ses applications à une réflexion pour l'organisation des sociétés humaines ; l'existence d'un groupe d'intellectuels prestigieux (savants) revendiquant l'égalité, l'existence d'un groupe social (la bourgeoisie) de plus en plus puissant économiquement, l'existence de contraintes sociales absolues et de blocages de la société en castes, l'existence de privilèges de caste, l'existence de modèles de sociétés égalitaires plus ou moins utopiques ou en cours de réalisation... la frustration éprouvée est énorme. Il y a assimilation de l'exigence d'égalité par le corps social par effet de groupe et d'effervescence. Les émotions collectives de la révolution dans lesquelles l'égalité servira de point de référence achèveront de fixer l'exigence qui deviendra de ce fait valeur sociale, c'est-à-dire donnée première, chose indubitable dont l'existence ne peut être remise en cause.

Le sentiment de frustration doit aussi son intensité actuelle aux phénomènes suivants :

— au tassement de l'écart des richesses, ce que l'on est prêt d'avoir, ce qui paraît à côté de la main est plus frustrant que ce qui est hors de portée ;
— à la banalisation de l'idée de progrès ; tout le monde doit en profiter, cette espérance de chacun entraînant l'impatience accroît encore la sensibilité à la frustration ;
— à la polarisation de notre société sur les possessions (l'avoir) due à la perte du sentiment religieux et au vide moral ; chaque chose possédée par le voisin est repérée et désirée avidement pour maintenir son propre « être » à son niveau de valeur ;
— à l'attitude d'exigence découlant à la fois de la banalisation de l'esprit de progrès, de la perte de la volonté d'effort et de la perte du sens du possible et de l'impossible (lui-même lié au vide moral) ;
— aux modèles provocants colportés par les médias qui exacerbent les revendications en présentant : 1) des modèles d'insatisfaction (grèves, revendications de tous...) ; 2) des modèles de choses qu'il faut posséder à travers les publicités.

Une dernière source de frustration vient de l'existence d'oppositions,voire de contradictions culturelles internes.

Les grandes sociétés industrielles modernes sont des mosaïques de groupes aux sous-cultures différentes et parfois opposées. Une des sources du changement culturel et de l'évolution des mentalités se trouve dans la confrontation permanente de ces groupes. Chacun de ces groupes veut préserver ses « intérêts », accroître son pouvoir... Bref répandre sa manière de voir.

Que l'on pense aux 123 nationalités d'immigrés représentant 7 % de la population française et qui, signe des temps, revendiquent, pour la plupart, le droit de conserver et promouvoir leur « identité culturelle » sans rien céder à la culture ambiante ; que l'on pense aux autres sous-groupes culturels comme les homosexuels qui se sentent « brimés » (« nous sommes les juifs de la civilisation ») et qui, au nom des valeurs égalité et liberté, exigent agressivement que leurs propres valeurs soient reconnues.

En ce sens la vie sociale est une négociation permanente, plus ou moins conflictuelle, pour l'influence culturelle et politique.

La frustration, qui porte certains groupes à l'exaspération et à des conduites agressives, vient en partie de cette résistance du social, c'est-à-dire des autres groupes, à accepter certaines visions du monde (certaines mentalités et leurs valeurs différentes).

Un cas particulier doit être réservé dans nos sociétés à l'antagonisme des générations.

Les jeunes générations ne sont pas élevées dans les mêmes conditions que leurs parents. Elles ne vivent pas les mêmes situations que leurs parents. Chaque génération a sa perception de la société, des choses de la vie, par suite du contexte dans lequel elle a mûri, des expériences qu'elle a connues, des traumatismes qu'elle a subis. Les jeunes générations vivent souvent le décalage entre les normes de référence de leurs parents et les conduites réelles de ceux-ci (car le changement commence par faire changer les conduites).

Ce phénomène de transformation culturelle et d'opposition entre deux générations est beaucoup plus visible chez les populations immigrées. Les parents gardent les mœurs et coutumes, la religion et la langue de leur pays d'origine, les enfants, scolarisés avec les enfants du nouveau pays et subissant l'impact des *mass media*, adoptent une autre mentalité qui les oppose bientôt à leurs parents.

Il existe par ailleurs un certain nombre de contradictions culturelles propres à notre civilisation qui favorisent aussi les frustrations. La contradiction entre la valeur égalité, revendiquée, et la valeur différenciation sociale des exigences scientifiques et du développement de la société industrielle. La contradiction entre la valeur de l'engagement, de la volonté de participation à la répartition du pouvoir et l'appel de l'individualisme et à la réalisation de son être dans les multiples choix permis (R. Aron, 1969 ; D. Bell, 1976).

D'une manière générale la frustration provoque, comme nous l'avons vu, l'apparition de contre-valeurs et la promotion, par les groupes frustrés, de contre-cultures.

Le cas le plus typique en Occident est la *mentalité du refus* des jeunes générations de la période de paix et d'abondance des années 60-80.

Cette mentalité se constitue dans le refus de la société actuelle, appelée péjorativement société de consommation. Le refus de toutes les institutions (école, université, armée, famille, Etat...) vues comme les agents de répression de l'épanouissement de chacun. Le refus de la technique et du progrès scientifique jugé coupable d'avoir défiguré le monde et les relations humaines. Le refus de la raison jugée froide et réactionnaire parce que instauratrice de l'intelligible, opposé au sensible. Le refus de l'engagement qui est privation de liberté et le refus de la lutte qui est récupération par le système en place... Ce « Grand Refus » débouche sur la quête anxieuse d'au moins un point de repère : la « vraie communication » avec autrui. D'où les communautés, le nouveau mysticisme et toutes les autres expériences de sensations et d'expressions nouvelles.

Ceci nous permet de décrire *la mentalité de l'écolo-misérabilis*, sous-type de cette mentalité de refus.

Le problème existentiel fondamental de l'écolo-misérabilis est la quête de son identité personnelle dans et par l'opposition.

Le refus de la réalité sociale et technologique donne la critique de l'Etat, des hiérarchies, des contraintes, des valeurs établies, du progrès matériel et de la science. Il s'efforce de vivre dans une petite communauté affective, sans structuration formelle, centrée pour survivre, sur une activité de retour à la tradition et à la nature (artisanat, culture...). Il s'efforce d'y vivre simplement (en « harmonie » avec la nature) : nourriture simple, vêtements archaïques. L'écolo-misérabilis a souvent fait des études supérieures. Il en garde le goût de la discussion sociologico-philosophique. Dans son retour à la terre ou à l'artisanat, il rencontre des ruraux, ses frères de cœur, qui pourtant l'irritent par leur mentalité « archaïque ». Ils résistent à ses prêches sur le changement et la révolution. Il en conclut à sa supériorité définitive et se replie sur sa révolte interne car il est fondamentalement non violent.

Ses valeurs sont donc l'anticonformisme, la contestation, la simplicité, l'intellectualisme, l'hédonisme et l'affectivité.

Si l'invention des valeurs provient, comme nous l'avons vu, de l'intégration des aspirations collectives elles-mêmes fruits de situations particulières, cette invention provient aussi du refus de valeurs jugées dépassées et frustrantes et de la nécessité de trouver de nouveaux points de repère répondant mieux à la situation. L'homme a besoin d'avoir des points de repère, de pouvoir structurer sa vision du monde et de pouvoir appuyer ses actions sur des croyances intérieures. Lorsqu'un système de valeurs s'écroule, il faut le remplacer. On s'accroche alors à des modèles de rechange ou aux valeurs opposées à celles que l'on vient de rejeter (effet de contraste ou de balancier).

Pendant les années 50-60 les Américains croyaient en la rationalité, dans cette rationalité appliquée aux organisations sociales, aux problèmes sociaux et à tous les problèmes de décision politique. Ils croyaient dans la vérité scientifique, en une morale relationnelle fondée sur la notion de transparence des intentions, de clarté des relations et d'ouverture à autrui, ils croyaient dans le progrès social fondé sur le dialogue et la négociation comme sur le progrès scientifique et technologique... Toutes ces valeurs, nous dit Crozier

(1980), sont frustrées et heurtées de plein fouet vers 1970 par une série de révélations qui montrent que le monde est à l'inverse de ce monde simpliste et utopique imaginé.

— La rationalité organisationnelle et décisionnelle ne domine rien et débouche sur l'inefficacité et le technocratisme, les effets pervers des systèmes complexes ne peuvent être dominés. La rationalité fait perdre le contact avec le réel et propose des solutions inadaptées.

— La science ne résout pas les problèmes du développement économique. Le monde est trop plein et il n'y a plus de place pour tout le monde. La technologie militaire fait commettre des actions réprouvées. Le non-consensus social sur la guerre du Viêt-nam éclate au grand jour.

— La morale de l'ouverture et de la transparence s'écroule. Les politiques trichent, les hommes d'affaires ne respectent pas les règles du jeu. Il y a la révélation d'un moralisme de façade. Le vrai, le juste, le bien n'apparaissent plus conformes aux définitions que l'on en avait.

— Le progrès social n'est pas maîtrisé, les tensions entre les groupes augmentent. La violence débouche dans les relations quotidiennes, les revendications des minorités s'exaspèrent (lutte des Noirs pour les droits civiques, lutte des femmes, des homosexuels...). Luttes qui révèlent encore le non-consensus social latent et qui établissent la peur de l'autre...

La culture traditionnelle américaine est donc brusquement confrontée avec la notion de *mal*. Cette notion refoulée surgit brutalement. Alors que l'on pensait uniquement en fonction de la loi, de la vertu et du consensus, on va être obligé de penser autrement. L'Amérique est entrée en crise culturelle et commence à définir de nouvelles valeurs plus complexes que les anciennes à l'abri d'un juridisme défensif démesuré.

Traumatismes culturels et acculturation forcée. — Le traumatisme culturel n'a pas besoin d'être un cataclysme, économique ou humain. Une émotion collective, arrivant dans un certain état de préparation psychique suffit.

Les guerres avec occupation, les colonisations dures sont évidemment porteuses des traumatismes culturels.

La guerre mondiale de 39-45 a laissé des traces dans toutes les mentalités. Elle est à l'origine de la désacralisation définitive en

Occident du modèle traditionnel de l'autorité autocratique. Les vaincus de cette guerre — l'Allemagne nazie, l'Italie mussolinienne, la France pétainiste, le Japon — étaient les représentants de ce modèle d'autorité. Les vainqueurs : les résistants avec un autre style plus communautaire et surtout les Américains avec leur style décontracté, direct, leur modèle « démocratique », étaient les représentants du nouveau modèle d'autorité. Justement pendant ces années de guerre, K. Lewin, chassé de l'Allemagne nazie, mettait au point ses fameuses expériences sur les « styles d'animation autocratique, démocratique et laisser-faire » qui donnèrent le coup d'envoi d'un formidable courant idéologique connu dans l'industrie sous le nom de courant des « Relations humaines ». Ce courant prônait l'avènement d'un nouveau style de management le style « démocratique-participatif » qui, quarante-trois ans après, trouve un nouveau départ en France avec la formation à ce style d'animation des conducteurs des réunions de salariés mises en place par la loi Auroux sur « l'expression directe et collective ».

Dans les années 50 une succession de chocs collectifs secoue l'Occident. Les intellectuels sont choqués par les révélations du rapport Khrouchtchev sur les crimes de Staline. Les populations des pays de l'Ouest sont choquées par les événements de Pologne et l'écrasement par les tanks soviétiques du soulèvement hongrois. Une grande émotion accompagne cette dernière nouvelle. C'est plus qu'une désillusion générale, c'est une stupeur devant les altérations auxquelles conduisent des régimes qui veulent faire le bien des hommes par une idéologie. Divers sociologues comme Aron, Shils, Lipset, Bell, prophétisent alors la « fin des idéologies ». Ce que l'on constate, trente ans plus tard, c'est tout d'abord le rejet massif des idéologies politiques totalitaires (les nouveaux philosophes) et le désengagement idéologique de la jeunesse qui ne croit plus à l'action sociale et se replie sur un égoïsme hédoniste. (« Je ne trouve plus dans mes conférences, dit J.-M. Domenach (1981), les opposants idéologues farouches d'autrefois. On m'écoute en silence... ») On constate aussi le rejet du rationalisme absolu, du cartésianisme pur et de la causalité simple pour une réflexion sur le complexe (le systémisme), le hasard (la théorie des catastrophes), les effets pervers en sociologie comme en politique. Ces phénomènes culturels deviennent des objets nodaux remplaçant la polarisation sur les phénomènes économiques et physiques (les nouveaux historiens, une nouvelle réflexion sur la violence...). Le matérialisme mis en cause par ces révélations libère une pensée religieuse renouvelée...

Les croyances se fixent par les participations collectives et émotionnelles. Dans les populations encore peu intellectualisées, les simulacres, les rites, les solennités à grande charge émotionnelle jouent un rôle capital pour la fixation et la divulgation des croyances collectives qui ont été les premiers cadres conceptuels des pensées humaines. C'est ici que nous pouvons faire appel aux différentes études sur la psychosociologie des phénomènes de conversion religieuse et politique.

Wesley (célèbre prédicateur protestant anglais du XVIIIe siècle) commençait par évoquer les nombreux péchés auxquels tout homme succombe immanquablement s'il n'a pas la foi permanente en lui. Alors, il évoquait les feux de l'enfer, les damnations éternelles, les tourments impossibles des âmes damnées. Ses descriptions provoquaient des émotions intenses chez ses auditeurs. Il insistait ensuite sur la nécessité urgente d'accepter sur-le-champ la foi comme moyen d'échapper à un tel sort car, disait-il, ceux qui quitteraient l'assemblée sans avoir changé d'attitude et mourraient d'accident avant d'avoir accepté le salut tomberaient directement dans la fournaise. Ce sentiment d'urgence intensifiait l'atmosphère d'angoisse qui, au fur et à mesure qu'augmentait la suggestibilité, pouvait finir par s'emparer du groupe tout entier. Alors quelques auditeurs éclataient en sanglots ou poussaient des cris. Wesley annonçait ensuite qu'ils avaient été touchés par la puissance divine. On entonnait enfin des cantiques et des chants religieux, repris en cœur par tous, et qui proclamaient les principes auxquels tous devaient adhérer.

Les procédés généraux sont les mêmes, nous dit W. Sargant (1959), quelles que soient les sectes religieuses ou les conceptions « religieuses » qu'il faut inculquer.

« Au XVIe siècle, l'Eglise catholique considérait la peste noire comme le châtiment infligé à la chrétienté pour sa perversité et voulait ramener les populations à la soumission en les menaçant du retour de cette épidémie. C'est avec l'assentiment de l'Eglise que la confrérie des Flagellants se mit à organiser des assemblées spéciales où l'on pouvait se confesser publiquement de ses péchés et implorer Dieu pour que la peste ne revienne pas. Les Flagellants faisaient sonner les cloches, chantaient des psaumes, se flagellaient jusqu'à faire gicler le sang à torrents...

« Pour convertir les masses allemandes au nazisme, Hitler organisait des rassemblements au cours desquels on chantait en cadence, des processions à la lueur de torches et autres procédés du même genre dont il s'aidait pour provoquer dans la foule, avant même de prendre la parole, un état de suggestibilité hystérique collective. Alors son discours, qui fustigeait et dénonçait des ennemis et dictait ordre et injonction pour que l'Allemagne sorte de la crise et redevienne forte, imprégnait le psychisme de la masse » (S. Tchakhotine, 1952).

Les rapports entre la propagande d'intégration et l'acculturation forcée sont ainsi clairement établis.

L'acculturation désigne l'ensemble des changements qui se produisent dans les groupes différents mis en contact. L'acculturation comprend donc le changement culturel. L'acculturation forcée est un ensemble de changements sociaux (type d'organisation sociale, économique, hiérarchie sociale...) et culturels (mœurs, coutumes, manières de juger, valeurs...) imposés par un groupe dominant (colonisateurs, vainqueurs...) à un groupe dominé.

Si l'on considère la nouvelle idéologie ou le nouveau système de croyance à implanter par propagande dans une population ayant par ailleurs ses normes culturelles, ses mœurs et ses valeurs, on peut dire qu'il s'agit d'une acculturation forcée centrée sur la partie culturelle du système social.

G. Balandier (1971) dans un chapitre sur la sociologie de la dépendance examine les réactions des peuples colonisés ou soumis à l'acculturation forcée. Après la phase de stupeur qui suit immédiatement la défaite, la situation est collectivement et confusément vécue comme dévalorisante. Ce sentiment de base est le ressentiment qui tend à faire du dominant le bouc émissaire de tous les malheurs quotidiens. Petit à petit se fait une prise de conscience des altérations qu'apportent les dominants aux institutions et à la culture. Lorsqu'un seuil de tolérance est passé, des réactions agressives de purisme culturel se font jour et simultanément est inventée une nouvelle culture qui puise dans les anciennes valeurs mais les dépasse en intégrant des valeurs du groupe dominant. A partir de ce moment apparaissent des réactions ayant un sens plus directement politique visant à la libération de la dominance.

IV. — La résistance des mentalités au changement

Les réactions à la dévalorisation de l'identité culturelle. — Nous avons vu page 22 que deux grands mécanismes sociopsychologiques gouvernent la vie des groupes : les mécanismes d'appropriation-expansion et les mécanismes de protection-défense. Ces derniers mécanismes sont activés dès que se présente une atteinte quelconque à la valeur sociale du groupe. Bien sûr, ce sentiment d'atteinte à sa valeur sociale du groupe apparaît lorsque d'une manière ou d'une autre les convictions du groupe sont dévaluées, tournées en dérision, mises en échec par des événements ou les actions et jugements d'autres groupes.

S'accrochant à sa référence interne, défendant sa culture contre une culture ennemie vécue comme dévalorisante et destructrice de son identité propre, le groupe peut avoir des *réactions défensives*, *agressives*, autoagressives ou non (destruction de biens, nationalisme revendicateur...) et des rêves de violence (cataclysmes destructeurs qui doivent chasser les colonisateurs, reprise des richesses naturelles dont on a été spolié — à rapprocher de la reprise aux Blancs du « cargo » des richesses) (Balandier, 1967).

Le groupe peut aussi se réfugier dans l'*apathie réactionnelle*. Il cesse la plupart de ses activités, vit « aux crochets » du groupe dominant, est comme frappé de stupeur. Erikson (1976) nous donne un exemple de cette forme de résistance à l'acculturation chez des enfants sioux. Ces enfants ne réagissent jamais, ils sont stoïques et réservés, finalement, disent les instituteurs blancs chargés de leur « éducation », on ne peut pas communiquer avec eux. Erikson montre comment cette apathie a pour but de préserver leur identité en tant que peuple confronté à une civilisation qui veut les anéantir en les assimilant.

La réaction apathique peut se combiner avec la réaction agressive pour donner le *complexe d'attente-critique*. On peut trouver cette réaction chez les groupes à la fois écrasés, dévalorisés et envieux. C'est une combinaison du mécanisme d'inhibition (on ne fait rien, on attend tout de l'extérieur) et d'un mécanisme de rejet agressif (tout ce qui est proposé est critiqué et saboté).

L'analyse de ces quelques réactions nous permet déjà de conclure que pour espérer changer des mentalités il faut éviter les mises en cause brutales et il faut intervenir à doses homéopathiques, en évitant tout risque de dévalorisation.

Les résistances propres du système de valeurs. — Le système des valeurs par lequel on peut représenter une mentalité est plus ou moins cohérent, plus ou moins rigide, composé de valeurs plus ou moins nombreuses avec des zones de valeurs marginales plus ou moins importantes. Ce système a donc sa propre résistance. Si toutes les valeurs font « bloc » parce qu'elles sont solidement organisées entre elles, la résistance au changement est considérable (cas de mentalités polarisées sur quelques croyances enracinées). Si la plupart des valeurs sont marginales et incoordonnées, il sera plus facile de se servir de l'une d'entre elles pour en introduire d'autres ou pour agir sur la structuration du système.

La cristallisation du système des valeurs donne des *mentalités de fanatiques*.

Dans cette mentalité il y a une sacralisation des croyances et valeurs qui empêche toute remise en question. Par là tout sectarisme politique se révèle de même nature que le fanatisme religieux. Le système est imperméable aux faits et aux idées. Il disqualifie *a priori* tout ce qui peut contredire un de ses éléments. La *mentalité sectaire* considère toute discussion inutile. Le monde est alors divisé en deux (simplification manichéenne) : ce qui va dans le sens du système de croyances et qui est bien, ce qui s'oppose aux croyances et qui est mal. La conduite du sectaire est en accord avec ses certitudes, aucun doute ne l'anime, il se rue à l'action pour promouvoir ses valeurs (prosélytisme) et lutte à mort contre ses ennemis. Il est donc fondamentalement intolérant et incapable d'esprit critique. La cohérence de sa vision du monde justifie et légitime toutes ses conduites. Le groupe de fanatiques sécrète ses fantasmes collectifs qui peuvent l'amener à des décisions incompréhensibles pour les autres.

Le système des valeurs représentant la mentalité peut contenir la valeur changement ou, à l'inverse, la valeur stabilité. Ces valeurs sont plus ou moins centrales dans le système. La *mentalité occidentale* comporte la valeur changement dans son système de valeur et rend alors possible le changement quand les autres valeurs, de même degré de centralité, ne sont pas heurtées (la valeur changement est d'ailleurs, dans notre civilisation fruit de l'esprit critique, de l'esprit expérimental et de l'individualisme).

Bastide (1971) étudiant les sociétés traditionnelles

remarque, comme bien d'autres anthropologues, qu'à côté des conditions inhérentes à l'organisation de la société le principal frein au changement culturel est psychologique. C'est l'existence de la « croyance fondamentale » que tout changement porte atteinte à l'ordre du monde et est en soi mauvais. « Il faut, dit-il, avant tout, créer un système de personnalité capable de progrès. » Qu'est-ce à dire, sinon faire accepter la valeur changement ?

On peut dire aussi avec R. Bastide, que c'est l'enculturation, lors des premières années de la vie, qui inculque les valeurs les plus ancrées et résistantes au changement (ceci dans le cas où le milieu ambiant, comme nous l'avons vu, est vécu positivement). Les nouvelles habitudes, les nouvelles valeurs que l'adulte peut intégrer sont implantées moins profondément que celles acquises pendant l'enfance (nous pouvons compléter en disant : sauf les valeurs et croyances acquises en période d'intense émotion, crises, stress et traumatisme collectifs).

Bastide cite le cas d'une femme d'un village du Guatemala qui se considérait comme très moderne, exempte de superstitions (elle ne croyait pas au « mauvais œil ») et qui, ayant eu son enfant malade, l'avait mené chez le médecin ; devant l'échec de la thérapie scientifique, elle revint à ses premières croyances : le mauvais œil existe bien et il faut appeler le guérisseur-sorcier.

La possibilité d'acquérir une sorte de *mentalité de façade* est un phénomène remarquable, lié, d'une part, à l'existence d'un noyau dur de valeurs acquises dans l'enfance et, d'autre part, à la mise en œuvre du mécanisme de défense sociale de simulation. Bastide a montré que l'homme des *candomblés* au Brésil vit, sans aucun problème, dans deux mondes différents, celui des confréries africaines, pour ses activités religieuses, et celui des associations politiques brésiliennes, pour ses activités techniques, économiques et sociales. Balandier remarque de la même façon que, lorsque l'Africain se trouve dans ses champs, il continue à y suivre la tradition animiste, mais que sur la place du village — lorsque celui-ci est touché par la civilisation urbaine — il change d'attitude et de mentalité pour vivre dans le monde moderne. Ce phénomène de la mentalité de façade est observable facilement de nos jours sur quantité de populations d'immigrés temporaires (ceux qui pensent retourner effectivement dans leur pays).

J'ai pu observer, dans un village rural d'une région française, le phénomène connu du « retour au village à la retraite ». Ce retour s'accompagne du rejet de la mentalité citadine — que l'on quitte comme une vieille peau — pour retrouver avec délices la mentalité traditionnelle qui guidait ses propres parents lorsque l'on avait vingt ans. Autrement dit, quarante ans de vie professionnelle en dehors du lieu d'enculturation primitive (de vingt à soixante ans) n'ont rien altéré de fondamental dans la mentalité acquise pendant l'enfance (à part quelques petites adaptations au progrès technique).

Cette observation donne une idée du rythme naturel de l'évolution des mentalités. Il faut deux générations (plus d'un siècle) pour qu'une rupture décisive apparaisse dans les mentalités des descendants. Ici, sur trois générations : grands-parents, parents, enfants, les enfants, éduqués lorsque les parents étaient hors du village, dans leurs activités professionnelles, auront une mentalité significativement différente de celle de leurs grands-parents.

Pour conclure ce rapide examen des résistances au changement, disons encore que la cristallisation du système de valeurs de la mentalité s'accentue rapidement avec l'âge de la population. Au-delà de quarante ans, il n'y a plus guère de changement de mentalité possible (sauf cas exceptionnel : choc, stress...).

L'évolution des mentalités se fait avant tout par l'intermédiaire des générations de jeunes.

Conclusion

Dans les débats périodiques qui agitent les réformateurs ou les révolutionnaires, on retrouve toujours la question de savoir si ce qui est le plus important pour le fonctionnement et le changement des systèmes est les hommes ou les structures.

Le présent ouvrage privilégie naturellement (du fait de son thème) la responsabilité humaine. Ceci est en outre certainement à rapporter aussi à une « vision sursocialisée de l'homme » sinon à une mentalité volontariste.

CHAPITRE V

L'ÉTUDE DES MENTALITÉS

Nous avons été conduits à examiner plusieurs définitions d'une mentalité : une définition centrée sur les valeurs de référence ; une définition centrée sur la perception et la vision du monde, une définition centrée sur des expressions générées : les comportements typiques comme les opinions et une définition centrée sur la position existentielle fondamentale définie à travers la mentalité.

Les méthodes utilisées pour étudier les mentalités vont être adaptées à ces différents niveaux de repérage des mentalités mais, d'une manière générale, il s'agira de parvenir à formuler un système de valeurs ou un système d'attitudes.

J'examinerai successivement l'utilisation des questionnaires et des échelles d'attitude, de l'observation, des méthodes de recueil d'informations et de documents, des méthodes projectives et l'utilisation de diverses méthodes d'analyse de contenu.

I. — Les questionnaires et les échelles d'attitude

Je ne reviendrai pas ici sur les problèmes généraux de la constitution des questionnaires : les biais à éviter, les problèmes de l'échantillonnage, le choix de la forme d'administration du questionnaire (auto-administration ou administration par enquêteurs)... Ces problèmes méthodologiques sont traités en détail dans divers ouvrages spécialisés.

Au sujet des questionnaires spécifiques à l'étude des mentalités, j'introduirai une distinction que l'on ne trouve pas dans les ouvrages classiques. Je distinguerai trois types de questionnaires, chaque type de questionnaire étant adapté à un des trois niveaux essentiels de l'étude des mentalités. Le premier type de questionnaire porte directement sur les valeurs et les modèles de référence. Le deuxième type de questionnaire concerne les attitudes sous forme d' « échelles d'attitude », le troisième type de questionnaire concerne les opinions et les comportements, il introduit directement aux grilles d'observation.

1. **Les questionnaires sur les valeurs et les modèles de référence.** — Dans de tels questionnaires, les questions portent indirectement ou directement sur les valeurs et les modèles de référence de la mentalité.

La première démarche avant la formulation des questions est l'approche des valeurs et des modèles du groupe dont on étudie la mentalité. En effet, il y a trop de valeurs ou de modèles possibles pour que l'on puisse formuler des questions se rapportant à tout ce qui est possible. Il faut donc circonscrire le domaine d'idées dans lequel se situe *grosso modo* la mentalité à étudier.

Ce travail d'approche peut se faire tout d'abord à l'aide d'une étude documentaire. On réunit, sur le groupe en question, des ouvrages généraux, des romans, des écrits, membres du groupe, des résultats d'enquêtes... L'analyse de documents permet de situer approximativement la vision du monde du groupe (l'analyse de ces documents se fait à l'aide de méthodes précises d'analyse de contenu) (voir p. 112). Le travail d'approche peut procéder d'une réflexion d'un groupe de chercheurs. Les idées, les informations et les expériences personnelles sont mises en commun et triées et fournissent les directions de base du questionnaire d'enquête. Le travail d'approche peut aussi être le résultat d'une véritable préenquête, la préenquête comporte alors des interviews centrées non directives sur des thèmes généraux comme les manières d'appréhender la vie contemporaine, le travail, la vie familiale, etc. L'analyse de ces interviews permettra de préciser les axes de valeurs sur lesquels l'enquête portera plus précisément (là encore l'analyse des interviews se fait avec des méthodes précises d'analyse de contenu). Enfin le travail préliminaire d'approche peut être le résultat d'une observation-participation du groupe qui a permis d'apprécier, de l'intérieur, ses valeurs et ses modèles.

Plusieurs formes de questionnaires sont possibles.

Choix parmi une liste de qualités. — Derrière une qualité (sociabilité, amabilité, honnêteté, travailleur...), il y a bien entendu une valeur.

L'enquête consiste à proposer, aux membres du groupe dont on étudie la mentalité, une liste de qualités en leur demandant de les classer ou de noter celles qu'ils considèrent comme essentielles.

Exemple tiré d'une enquête sur les mentalités professionnelles (C. Lévy-Leboyer, 1978).

La préenquête par interviews laisse pressentir chez les enfants d'ouvriers, de commerçants et chez les enfants dont les parents ont des professions libérales, des orientations différentes sur l'engagement dans le travail, la présentation extérieure, la sociabilité et les capacités intellectuelles... Dans l'enquête, une question demande : « Parmi les qualités ci-dessous, quelles sont les deux qui vous paraissent aider le plus à réussir professionnellement ? » Sur 1 700 réponses (enquête extensive), on obtient les résultats partiels suivants :

Qualité	*Fils de professions libérales*	*Fils de commerçants et de cadres*	*Fils d'ouvriers et d'employés*
Etre tout entier consacré à son travail	6,6 %	11,6 %	22 %
Etre capable de convaincre	46 –	5,6 –	5,6 –
Avoir une bonne présentation	12 –	2 –	20 –
Etre sociable	31,4 –	31,4 –	6 –
Etre intelligent	67,1 –	43 –	43 –
Etre honnête	42,1 –	26 –	28 –
Etre dynamique	58 –	35 –	27 –

Tous les chiffres indiquent que les différences ci-dessus sont significatives au seuil de 0.001.

Ces résultats tracent les portraits psychologiques de ces classes socioprofessionnelles et de leurs enfants (ce qui confirme au passage les imprégnations dues au bain culturel familial).

Les ouvriers (et leurs enfants) ont pour valeurs l'honnêteté, l'intelligence et l'engagement dans le travail. Les professions libérales (et leurs enfants) ont pour valeurs l'intelligence, le dynamisme, l'art de convaincre et la sociabilité.

Accord ou désaccord avec des proverbes, maximes ou propositions précises. — Une autre technique, pour connaître les valeurs de référence, consiste à demander avec quel ou quel proverbe d'une série de proverbes on est d'accord ou pas du tout d'accord.

Exemple :

Proverbe ou maxime	*Professions*					
	Paysans		*Commerçants*		*Enseignants*	
	Exact	*Faux*	*Exact*	*Faux*	*Exact*	*Faux*
« Un travail opiniâtre à bout de tout »	75 %	25 %	54 %	46 %	39 %	61 %

On notera comment les paysans, qui voient généralement directement le résultat de leurs efforts, s'opposent sur la valeur « persévérance » avec les enseignants qui voient rarement directement le résultat de leur enseignement et de leur travail, et qui sont plus sceptiques sur l'efficacité de cette vertu. Ils acquiesceraient sans doute davantage à une phrase du genre : « mieux vaut s'adapter que persévérer à toute force » (choix entre la valeur adaptation et la valeur persévérance).

2. **Les questionnaires et échelles d'attitude.** — L'objet du questionnaire est ici une série d'attitudes. L'attitude est une prédisposition psychologique envers un « objet ». Une attitude est en effet toujours attitude face à quelque chose ou envers quelque chose. Une attitude a donc un « objet », elle est prise de position implicite par rapport à cet objet. D'une manière générale, cette prise de position est favorable ou défavorable (positive ou négative). Par ailleurs l' « objet »

de l'attitude est plus ou moins central et important pour l'acteur social.

Le premier problème qui se pose pour la rédaction des questionnaires et échelles d'attitude est la détermination, pour l'acteur social étudié, des objets fondamentaux de son existence, ce qui compte pour lui, ceux par rapport auxquels il a une position.

Les questionnaires proprement dits. — Dans une enquête sur les mentalités professionnelles au travail, Sainsaulieu (1972) repère, après une préenquête, un certain nombre d'objets fondamentaux : les partenaires de travail, les sources de conflit... Sur ces objets, il pose des questions sur l'importance donnée à ces objets (comment cela vous influence ? ; que faites-vous ? — ...).

Il définit alors un « modèle relationnel », c'est-à-dire un ensemble d'attitudes constantes en œuvre dans les relations interpersonnelles, dans les relations collectives et dans les relations hiérarchiques.

Exemple des réponses :

Réponses positives questions	*Ouvriers de travail de métier*	*Techniciens*	*Cadres*
L'important est de chercher à créer une bonne ambiance collective	31 %	25 %	72 %
En cas de difficultés dans le travail, il faut :			
— avoir recours au chef	18 %		15 %
— avoir recours aux collègues	35 –	57 –	66 –
— se débrouiller seul	45 –		

On voit que les cadres ont une attitude différente des ouvriers de travail de métier vis-à-vis du groupe des collègues. Pour les cadres, ce groupe est important, il est le support de toutes les activités et de l'entraide (la bonne ambiance y est donc nécessaire). Pour les ouvriers de métier, plus individualistes (se débrouiller seul, 45 %), l'attitude envers le groupe des pairs est beaucoup moins précise, le groupe de pairs n'est pas un « objet » essentiel pour leur travail.

Les échelles d'attitude. — D'une manière générale, après la définition de l'objet de l'attitude, on recueille (ou on élabore) un certain nombre de propositions sur l'objet. Ces propositions expriment différentes prises de positions sur l'échelle favorable/défavorable — face à l'objet en question. Ces propositions sont, en fait, des opinions qui traduisent des degrés d'appréciation ou d'opposition.

Le premier procédé de construction d'une échelle d'attitude est le procédé de l'auto-évaluation. On soumet au sujet une opinion ferme, correspondant à une attitude systématisée, et on lui demande « s'il l'approuve modérément ou s'il la désapprouve absolument ».

Exemple. — Attitude face à l'autorité dans le travail en entreprise : « Il est impossible d'appliquer les principes démographiques dans le fonctionnement et la direction des grandes entreprises. »

Etes-vous :

— absolument d'accord avec cette opinion,
— modérément d'accord,
— indifférent (ni approbation, ni désapprobation),
— modérément contre,
— absolument contre.

On accordera, par exemple, 2, 1, 0, — 1, — 2 points dans l'ordre aux réponses obtenues.

Le questionnaire comporte cinq ou six autres questions de ce type avec chaque fois l'évaluation de l'opinion en 5 points. L'attitude sera finalement appréciée par le total des points obtenus.

L'évaluation de l'attitude peut aussi se faire par autopositionnement sur une échelle d'opinion.

Exemple : Attitude face à la centralisation-décentralisation des responsables dans l'entreprise. Première échelle sur l'élément : contrôle.

Pouvez-vous préciser votre opinion en marquant d'une croix ce que vous estimez être votre position personnelle sur la graduation ci-dessous ?

Le contrôle doit être centralisé au sommet	Il peut être parfois délégué aux échelons intermédiaires	Il peut être modérément confié aux échelons	Il doit être décentralisé et se fixer à tous les échelons

Une série d'autres échelles sur les éléments décision, évaluation, formation, information... est proposée.

A chaque « barreau » des échelles est affecté un coefficient (de 0 à 20, — 10 à + 10 pour notre exemple).

Ces coefficients permettent d'avoir un chiffre global pour apprécier l'attitude.

Le deuxième procédé pour l'élaboration d'attitude consiste à faire construire les « degrés » de l'échelle par un groupe d' « experts ». Je rappellerai, comme exemple ici, la construction d'une telle échelle selon la méthode de Thurstone.

La construction d'une telle échelle se fait en cinq opérations :

1) Définition de l'objet et de l'univers d'attitude à mesurer.

2) Recueil du plus grand nombre possible d'affirmations, prises de positions, opinions, etc., sur cet objet.
3) Classement de toutes ces affirmations par des experts (appelés « juges », au nombre de 40 à 100) dans un certain nombre de cases numérotées (en général 7, 9 ou 11) allant d'une position extrême à l'autre.
4) Elimination des opinions qui ont une dispersion forte (classées dans des cases de plus d'un écart par les juges), donc sélection des opinions qui ont été classées de la même façon par la majorité des juges (à une case près), et mise en forme définitive de l' « opinion » par case.
5) Attribution aux items sélectionnés, d'une cote ou note représentant leur moyenne de cotation dans le système de classement.

La présentation finale de l'échelle consiste à offrir au sujet interrogé une série mêlée où se retrouvent les 7, 9 ou 11 propositions et il doit dire laquelle ou lesquelles correspondent à son opinion.

On dispose naturellement de la grille de dépouillement pour attribuer ensuite à l'opinion recueillie sa « note » selon le classement antérieurement établi, note directement relevée si le sujet n'a choisi qu'une opinion sur la liste, moyenne des cotes des opinions s'il en a coché plusieurs.

Echelle d'attitude à l'égard du fait de fumer. — Marquez d'une croix les propositions de la liste ci-dessous avec lesquelles vous êtes d'accord ou que vous considérez comme vraies :

1) On trouve peu de plaisir à fumer.
2) C'est pour faire comme les autres que les gens fument.

3) Fumer permet de se sentir en sécurité.
4) Le tabac fournit une sensation de bien-être.
5) Fumer est l'un des plaisirs fondamentaux de la vie.
6) Fumer, cela aide à se détendre.
7) Il ne devrait pas être permis de fumer.
8) Fumer alourdit l'esprit.
9) Le tabac est l'un des plus grand maux de ce monde.
10) Fumer vous aide à faire face à vos problèmes.
11) Le fait de fumer dissipe l'ennui.

Les notes trouvées pour ces propositions sont les suivantes :

1) 7,7	5) 1,9	9) 10,8
2) 6,9	6) 3,8	10) 3,1
3) 4,4	7) 10,8	11) 4,1
4) 2,9	8) 8,9	

Une personne cochant les propositions 4, 5, 6 et 11 atteindrait la note suivante : (2,9 + 1,9 + 3,8 + 4,1)/4 = 3,1. 11 points représentant l'attitude la plus défavorable au fait de fumer, cela nous permet d'apprécier son attitude.

3. **Questionnaire de comportement et d'opinion.** — Dans ce type de questionnaire, on va essayer de cerner la mentalité à travers ses expressions (comportements et dires des sujets).

En ce qui concerne les opinions, ce type de questionnaire n'est pas indépendant des questionnaires d'attitude que nous venons de voir. Le principe de tels questionnaires est que la mentalité fonctionne comme une structure latente mettant en forme les expressions du niveau d'observation directe. Autrement dit, les comportements et les opinions expriment cette structure, ils renvoient d'une manière logique aux valeurs constitutives de la mentalité.

Dire ceci, c'est exprimer, d'une manière différente, les constatations du sens commun, à savoir que la conduite est « logique » par rapport aux croyances. Si un groupe d'hommes croit par exemple que la bonne récolte est due aux actions des ancêtres morts, il est logique qu'ils aient mis au point un certain nombre de conduites destinées à se concilier ces ancêtres morts (offrandes, tabous, évocations...) ; de même que les conduites du paranoïaque (se cacher, se protéger, se méfier...) sont logiques par rapport à sa croyance que « tout le monde lui en veut ».

Exemple. — Prenons un groupe dont une partie de la mentalité est constituée par les valeurs suivantes : le plaisir personnel, l'égalité, le calcul personnel, la liberté individuelle et le paraître. On peut être sûr de trouver chez les individus de ce groupe des conduites du genre : oubli de certains travaux à faire, innovations et créativité uniquement sur pression des contraintes, plaintes du travail et ses conditions, amabilité dans les contacts superficiels, revendications diverses fondées sur la comparaison avec autrui, oubli des règles de discipline communes, actions individualistes, attaques indirectes des compétences des autres, de leurs travaux, des diverses formes d'autorité et de contrôle, sabotage souterrain du travail de collaboration, recherche de personnes pour faire à leur place le travail désagréable, refus de considérer les différences de responsabilités de statuts ou de compétences, réactions de méfiance devant la créativité et le travail des autres, nombreuses brouilles, alliances faites et défaites...

La préparation du questionnaire (préenquête et rédaction) permet de mettre au point la correspondance entre les valeurs et les comportements. Ce type de questionnaire répertorie finalement des comportements et l'on demande aux enquêtés s'ils les approuvent ou désapprouvent, s'ils les jugent nécessaires ou non.

II. — L'observation

Les questionnaires-répertoires de comportements que nous venons de voir sont aussi finalement des grilles d'observation et peuvent être utilisés comme tels.

L'observation est certainement la méthode la plus difficile. Je rappellerais ici quelques difficultés de cette méthode :

— l'impossibilité de tout voir (problème du temps et de la position, l'observateur) ;
— le problème de l'interprétation de l'observateur dû à ses sensibilisations *a priori*, à ses orientations idéologiques ou autres (l'équation personnelle de l'observateur) ;
— le problème de la catégorisation de ce qui est observé : le vocabulaire disponible, les stéréotypes, les acquis sociaux... ;
— les problèmes de la prise de note : la déformation de la mémoire, l'oubli... ;
— les obstacles provenant du cadre de référence théorique et des attentes : la tendance à décoder selon la théorie à laquelle on adhère, ou selon ce que l'on a prévu... ;
— les problèmes dus à la présence perturbante de l'observateur : il y a des réactions à la présence d'observateurs, on ne peut plus observer ce qui se passe habituellement, la situation étant modifiée.

C'est pour pallier ces difficultés que l'on utilise des techniques d' « observation assistée ». Le questionnaire-répertoire de comportements, fonctionnant comme une grille d'observation, est une de ces techniques. Nous verrons comment (cf. § IV) les tests sont aussi des moyens d'observation systématiques, provoquant des comportements et fonctionnant comme instrument grossissant (instruments du macroscope social).

III. — Les méthodes de recueil d'informations et de documents

Les interviews. — L'interview est aussi une technique qui a ses exigences. On ne s'improvise pas interviewer, sinon on a toutes les chances d'obtenir des résultats entièrement biaisés (par la manière dont on pose les questions, par les mots utilisés, par ses propres attitudes face à l'interviewé...). Je renvoie, ici aussi, le lecteur à des ouvrages spécialisés.

L'interview est surtout utilisée dans les préenquêtes pour servir à la formation plus précise des indices sur lesquels la recherche doit se concentrer.

Voici rapportés par R. Boudon (1980) deux fragments d'entretiens. Ils reproduisent les propos tenus par les pères de deux enfants de milieu modeste qui ont tous deux brillamment réussi dans leurs études secondaires. Le premier ne veut pas aller plus loin. Le second est décidé à rentrer à l'université.

Premier cas (le fils veut arrêter ses études). — « Je n'ai jamais été brillant moi-même. Tout ce que je désire c'est de pouvoir me faire assez d'argent pour pouvoir vivre au jour le jour... J'aurais voulu que mon fils fasse mieux que moi... je ne le pousse pas... Je ne sais pas ce qu'il voudrait faire. D'ailleurs ce n'est pas mon affaire, je n'ai pas à dire ce que je voudrais qu'il fasse. Peut-être qu'il ne serait pas assez qualifié. J'ai essayé de lui dire qu'il devrait être médecin ou avocat ou quelque chose dans ce genre. Je lui ai dit qu'il devrait étudier l'anglais et apprendre à rencontrer les gens. Il pourrait être représentant... C'est la seule suggestion que je lui ai faite... Il y a des enfants qui ont une idée précise en tête et qui la suivent, mais la plupart de ceux à qui j'ai parlé prennent ce qui vient... Je ne crois pas qu'un diplôme soit si important quelque part et que vous dites « j'ai un diplôme », ça peut faciliter les choses, mais c'est tout ce à quoi ça peut servir. »

Voyons par contraste la seconde interview :

Deuxième cas (le fils veut rentrer à l'université). — « Les gens qui ont été à l'université paraissent mieux réussir, ils sont davantage capables d'avoir des emplois de types différents. Peut-être qu'ils n'en savent pas plus que les autres, mais ils savent comment apprendre. D'un certain point de vue, ils ont appris à apprendre plus facilement... s'ils ont un emploi qui ne mène nulle part ils sont capables d'en sortir ou de changer... »

Dans le premier cas, l'importance de l'instruction est minimisée, le diplôme est conçu comme servant seulement de carte de visite. Dans le second cas, les études sont perçues comme source de polyvalence. Ici, la situation sociale est conçue comme étant dans la plupart des cas le résultat du hasard. Là, elle est représentée comme dérivant d'une conduite de recherche rationnelle, rendue plus aisée par la culture acquise à l'université. En outre, la conception de la réussite est différente dans les deux cas. Dans le premier, elle est conçue comme l'acquisition du confort matériel et de la sécurité. Dans le second cas, il s'agit de trouver un métier qui « conduise quelque part ».

Il apparaît que la représentation de la réussite et des voies d'accès à la réussite est différente. Questionnaires, échelles d'attitude, tests divers... peuvent alors être élaborés spécifiquement pour vérifier ces différentes conceptions et les systèmes de valeurs qui leur sont liés.

C'est ce qu'a fait par exemple C. Lévy-Leboyer (1971) qui met ainsi en évidence l'impact des attitudes du milieu social d'origine et des valeurs familiales sur le fait de poursuivre des études supérieures.

Questions	*Milieu social supérieur*	*Milieu social modeste*
L'éducation n'est qu'un vernis superficiel	(Oui) 33 %	(Oui) 56 %
Dans une même famille il y a des enfants qui tournent bien, d'autres qui tournent mal, parce que l'on naît bon ou mauvais et que l'éducation n'y change pas grand-chose	(Non) 76,5 %	(Oui) 50 %

Le recueil de cas et de biographies. — L'origine contemporaine de cette méthode se trouve être l'ouvrage de W. I. Thomas et F. Znaniecki, *The polish peasant in Europe and America*, publié en 1918.

Dans le but d'étudier concrètement les problèmes d'acculturation des immigrants polonais, Thomas et Znaniecki réunissent une vaste collection de documents : des lettres personnelles, des articles de journaux, des comptes rendus de réunions des associations, des interviews et rapports des services sociaux sur des cas, ainsi que de nombreux récits autobiographiques d'immigrants polonais.

Ils recherchaient les attitudes et les valeurs de cette population, dans le but de comprendre leurs problèmes et d'y remédier. Comme ils n'avaient pas de méthode rigoureuse d'analyse de contenu, ils ratèrent la mentalité de leur population spécifique (le niveau culturel) et mirent à jour quatre aspirations universelles (de niveau anthropologique donc) qui sont le désir d'expériences nouvelles, le besoin d'être reconnu par autrui, le besoin d'affirmation de soi et le besoin de sécurité.

Ils mirent également en évidence un des graves problèmes de la transplantation : la perte de la capacité d'organiser sa vie en vue de la réalisation de buts personnels. Ce dernier problème général de la transculturation s'explique par la dissonance entre la logique des valeurs de la mentalité de l'immigrant et la logique culturelle de la population du pays d'accueil. Comme nous l'avons vu au chapitre III, page 55, les troubles de l'identité ressentis par tout transplanté viennent de l'inadéquation de sa vision du monde avec celle que lui propose la culture qu'il intègre. Manquant de repères significatifs, il ne peut plus organiser, sans doutes et angoisses, son action.

Le traitement adéquat, pour l'étude des mentalités des cas et biographies recueillies sur une population, *a priori* homogène (du point de vue de son état d'esprit), nécessite des méthodes sérieuses d'analyse du contenu (cf. § V).

La méthode des « commentaires provoqués ». — C'est une méthode très pratique et fort peu utilisée qui donne, par une analyse de contenu simple, les attitudes et valeurs recherchées.

Il s'agit de provoquer des jugements révélateurs du système de valeur, en proposant aux commentaires des sujets interviewés une série de cas, incidents critiques ou faits divers réels passés.

Ces « histoires » sont sélectionnées pour leur potentiel de réactions socioaffectives et le verdict moral. On demande aux sujets de juger le cas et d'expliquer leur verdict (l'analyse de contenu faite sur leurs réponses repérera leurs attitudes et leurs valeurs).

Exemple. — Dans une grande école de gestion, on a donné, comme sujet de l'examen écrit d'un cours de psychosociologie, une étude de cas. Ce cas relate un fait réel qui touche les élèves, puisqu'il s'agit d'une période agitée de l'histoire d'une autre école de gestion qui avait essayé d'introduire des changements radicaux dans sa pédagogie (1).

Après une première série de questions qui concernaient l'analyse de phénomènes psychologiques rapportés dans le cas, la deuxième partie de l'examen demandait aux élèves d'exprimer leur avis personnel sur cette expérience, en donnant tous les arguments qui, à leurs yeux, validaient leur conclusion.

L'analyse du contenu de cette dernière question, du style « question ouverte », permit de mettre en évidence l'existence de trois systèmes de valeurs différentes chez les élèves.

L'analyse permit aussi de déterminer les « sujets » essentiels des attitudes des élèves : les enseignants, les méthodes (pratiques) de l'enseignement, les relations entre pairs, les attitudes des élèves à l'intérieur de l'école (activité/passivité), les objectifs de l'école.

Le cas présenté aux sujets est un cas significatif pour eux, il provoque leur jugement : le commentaire de leur opinion les amène à préciser leurs attitudes face aux éléments essentiels pour eux de la situation. L'exploitation des interviews recueillies nous renvoie à l'analyse de contenu (cf. § V).

Cette méthode est utilisée par les historiens dans leurs analyses de documents. En effet, ces documents sont souvent des rapports, récits et commentaires d'événements faits par des témoins plus ou moins directs : lettres, rapports d'administrateur, journal de voyage, autobiographie, récits d'historiographes officiels... Derrière ces récits, les historiens s'efforcent de retrouver les prises de position des narrateurs révélant leur mentalité.

(1) Analyse du développement pédagogique de l'ESCAE d'Amiens, revue L'Education permanente, n° 36, novembre-décembre 1976.

IV. — La construction de tests projectifs

Les principes des méthodes projectives ont été posés dès 1939 par L. K. Frank. Dès cette époque, les recherches expérimentales des psychologues avaient montré que « l'état psychique inconscient » d'un individu orientait ses perceptions de son environnement (par exemple, en mettant des sujets en état d'hypnose, on leur donnait l'ordre d'être agressifs ou de se sentir malheureux. Une fois éveillés, ils imaginaient des histoires au sujet de photographies qu'on leur présentait. On notait alors une forte augmentation des thèmes agressifs dans un cas, une forte augmentation des thèmes dépressifs dans l'autre cas).

La projection c'est aussi, tout simplement, le phénomène psychologique qui fait voir la même bouteille comme à moitié pleine pour les uns et à moitié vide pour les autres. Chaque groupe interprète un fait et projette sur le phénomène observé un des principes de sa vision du monde : principe optimiste dans un cas, principe pessimiste dans l'autre cas.

Les constructions imaginatives des individus portent donc la marque de leur personnalité et plus précisément de leur « monde privé » ou encore de leur structure affective profonde. Cette structure affective profonde est constituée de leurs « réactions affectives chroniques » et des principes organisateurs de leur vision du monde. C'est donc là le correspondant, au niveau individuel, de la mentalité.

Dans l'utilisation psychologique de ces tests (pour la connaissance de la psychologie d'un sujet particulier), on présente au même sujet une série de photos sur lesquelles on lui demande d'imaginer des histoires. La recherche des « constantes », repérables à travers tous les récits, permet de remonter à la structure psychologique du sujet.

Pour la recherche des mentalités on procède, si l'on peut dire, à l'inverse : on a une seule photo et l'on demande à de nombreux sujets du groupe dont on veut étudier la mentalité de fournir un récit d'imagination sur la photo. La recherche des « constantes » apparaissant à travers tous les récits neutralise les interprétations spécifiques individuelles pour laisser apparaître les traits communs : attitudes ou valeurs constitutives de la mentalité du groupe.

Le problème qui se pose alors, pour l'utilisation d'une telle méthode, est d'avoir des photos qui représentent la même situation, la même problématique pour tous les sujets. En effet, pour avoir, par la recherche des constantes impératives, les traits communs de mentalité, il faut que les interprétations concernent les mêmes problèmes.

Les recherches récentes (A. Mucchielli, 1983) ont montré que de telles images existaient, autrement dit, qu'il existe un « niveau culturel » de perception de certaines photos. Les photos dont tous les éléments structuraux ont, sans ambiguïté, la même signification culturelle.

Cette réalité avait déjà été touchée du doigt par des recherches cliniques faites sur l'extraordinaire test projectif qu'est le Rorschach (test non figuratif, connu sous le nom de test des taches d'encre).

La planche VI de ce test est une planche en noir et blanc, dont la tache centrale ressemble vaguement à une peau de bête étalée, prolongée vers le haut par une tête de totem.

Cette planche a toujours provoqué un grand nombre d'interprétations sexuelles ouvertes, aussi bien que camouflées. Les psychanalystes ont tout de suite vu, dans son axe central, un symbole phallique. On a naturellement pensé que cette planche pouvait donc évoquer, chez divers sujets, quelque chose de sexuel.

Les recherches cliniques systématiques ont permis de préciser que ce « quelque chose de sexuel » était « la situation de relation sexuelle ». En effet, par exemple, on a démontré que tous ceux qui avaient des troubles du comportement dans les situations sexuelles avaient des perturbations de leurs réponses à cette planche. L'analyse de leurs « types d'appréhension » (catégories de décodage des réponses au Rorschach) de la planche et des différents « chocs » notés et la confrontation de ces résultats avec les renseignements et interviews cliniques ont montré que ces sujets se comportaient, devant cette planche, comme s'ils se trouvaient devant une situation sexuelle réelle. Il y avait donc transposition des troubles occasionnés par les situations réelles de type sexuel aux réactions devant cette tâche d'encre.

Ainsi, fut démontré qu'un dessin (non figuratif en l'occurrence) peut représenter un type bien précis de situation. La voie était ouverte alors à la recherche de planches projectives évoquant, pour tous les sujets d'un même groupe culturel, une même situation ou une même problématique.

Pour des exemples concrets de tels dessins et photos, je renvoie le lecteur aux exercices et cas pratiques de mon ouvrage *Les mentalités, analyse et compréhension*, Ed. ESF, 1983.

V. — Les analyses de contenu

La recherche des attitudes. — Une attitude, avons-nous dit, est une prédisposition générale ou orientation d'esprit envers un objet. Pour rechercher dans une biographie, un cas, un récit ou un commentaire, une attitude, il faut d'abord considérer *l'objet* de l'attitude en question.

Considérons, par exemple, les récits rapportés ci-dessous.

Premier récit. — Le directeur parle à un de ses jeunes employés. Il lui fait part de son mécontentement. Le travail qu'il lui avait donné à faire n'a pas été fait. Le jeune se défend et explique qu'on lui a donné en même temps un dossier sur l'exportation à traiter de toute urgence. Le patron ne veut rien savoir et estime que ses ordres passent avant ceux des autres. Le jeune employé retiendra la leçon et ne se laissera plus piéger une autre fois.

Deuxième récit. — Il fallait que ça claque ! Depuis que les imperfections dans le travail s'accumulaient, le chef de service profite d'une nouvelle imprécision dans le travail de la jeune recrue pour lui permettre les points sur les *i* et lui demander d'être plus attentif. Le jeune fera désormais attention et regagnera l'estime de son chef.

Un des « objets » par rapport auquel un certain nombre de choses sont dites est l'*autorité* (autorité du directeur sur son employé, autorité du chef sur la jeune recrue).

On va lire ces récits en se demandant quelle image de l'autorité ils donnent, comment elle est qualifiée, quels sentiments et conduites y sont associés.

Dans ces récits, l'image de l'autorité est l'image d'une autorité-juge, qui contrôle le travail, exige des résultats et exprime son mécontentement. L'attitude face à cette autorité n'est pas négative, bien au contraire. On lui reconnaît le droit d'exiger et de faire des remontrances et, qui plus est, on tient compte de ses critiques pour garder de bonnes relations avec elle. On dira donc que c'est une attitude d'acceptation et de recherche d'approbation envers l'autorité.

La méthode précise à utiliser est l'*evaluation assertion analysis* (EAA), mise au point par Godood en 1956 (cf. L. Bardin, 1980).

La première étape consiste à identifier les objets d'attitude.

Dans la deuxième étape, on extrait les énoncés qui concernent ces objets d'attitude et on les « normalise », c'est-à-dire on les met sous une forme affirmative comprenant trois segments : l'objet d'attitude, le connecteur verbal et le matériel évaluatif.

La troisième étape consiste à évaluer sur une échelle positif/négatif chiffrée (— 3 à + 3), chaque connecteur et chaque évaluation concernant le même objet.

La totalité des résultats, par chaque objet, donne des chiffres indiquant la direction et l'intensité de chaque attitude.

Cette méthode de recherche des attitudes face à des objets nodaux est utilisée intuitivement par les historiens des mentalités. Ces historiens relèvent, dans un corpus de documents d'époque (lettres, récits de voyage, romans, rapports administratifs, mémoires...), les manières dont sont présentés certains « objets » (l'enfant, la mort, la guerre, la société...), les conduites habituelles et les sentiments qui y sont attachés. Ils s'efforcent à ne retenir que les éléments qu'ils voient toujours revenir : les constantes culturelles, leur permettant de définir des attitudes.

La recherche des valeurs. — On se situe dans ce genre d'analyse, au niveau de ce que Barthès appelle le code culturel ou de référence (R. Barthès, 1970). Cette « voix du savoir » concerne tous les savoirs auxquels il est implicitement fait référence dans l'expression (interviews, récits...) que l'on a à analyser. On peut dire que c'est le système des présupposés qui fondent l'expression.

Si l'on rassemble tous ces savoirs, tous ces vulgarismes, il se forme un monstre, et ce monstre c'est l'idéologie... Les énoncés du code culturel sont des proverbes implicites ; ils sont écrits dans ce mode ablatif par lequel le discours énonce une volonté générale, la loi d'une société, et rend inéluctable ou ineffaçable la proposition qu'il prend en charge. Bien plus, c'est parce qu'une énonciation peut être transformée en proverbe, en maxime, en postulat, que le code culturel qui l'appuie est dénoncé... Ces citations (celles des codes culturels) sont en effet extraites d'un corpus de savoir, d'un livre anonyme, dont le meilleur modèle est sans doute le manuel scolaire.
Car, d'une part, ce livre antérieur est à la fois livre de sciences et de sagesse et, d'autre part, le matériel didactique qui est mobilisé dans le texte...

Exemple 1. — « Le vieillard ne voulut pas quitter cette délicieuse créature, à laquelle il s'attacha capricieusement avec cette obstination muette et sans cause apparente dont sont susceptibles les gens extrêmement âgés et qui les fait ressembler à des enfants. »

Ce texte repose et renvoie à un certain nombre de postulats culturels :

1) Les vieillards s'attachent à certaines personnes (ici à une jeune femme).
2) Les vieillards ont des caprices.
3) Les vieillards ont des obstinations incompréhensibles.
4) Les vieillards, finalement, ressemblent à des enfants.

Ces postulats nous précisent aussi la conception (culturelle implicite) que les Français du XIXe siècle avaient des vieillards (le texte est tiré de *Sarrasine* de Balzac, 1830). Ceci, par ailleurs, nous permet de prévoir que, par rapport à ces « objets » (les vieillards), les Français du XIXe siècle auront la même attitude qu'envers des « enfants capricieux ».

Exemple 2. — Traitons de la même manière les récits que nous avons rapportés page 113. Du premier de ces récits, nous pouvons tirer les postulats suivants :

1) Un directeur peut faire part de son mécontentement.
2) Un directeur peut donner du travail à faire.
3) Un employé peut recevoir d'autres travaux à faire.
4) Un employé peut se défendre et s'expliquer devant les remontrances de son directeur.
5) Un directeur peut exiger que ses ordres soient exécutés avant tout.
6) Les jeunes employés apprennent à partir des remontrances des chefs.
7) L'expérience d'une fois est utilisée ultérieurement.

Du deuxième récit nous pouvons tirer les postulats suivants :

1) Il est inévitable que le mauvais travail attire les réprimandes des supérieurs.
2) Des prétextes servent pour dire des choses importantes.
3) Un chef de service peut faire des remarques sur la qualité du travail fait par une nouvelle recrue.
4) Un chef de service peut exiger l'attention au travail chez ses subordonnés.
5) Les remontrances peuvent avoir des effets bénéfiques.
6) Le bon travail permet de regagner l'estime de ses chefs.

Puisque l'on recherche une mentalité, c'est-à-dire des valeurs communes à un ensemble de personnes, il nous faut regrouper des postulats analogues pour les formuler d'une manière plus générale qui permettra de faire apparaître ces valeurs communes.

Ici, nous regrouperons les postulats 1 (du premier récit) et 3 (du deuxième récit) sous la formulation plus générale ; un chef peut évaluer le travail de ses subordonnés et leur faire part de son évaluation.

Nous regrouperons les postulats 2 et 3 (premier récit) et 4 (deuxième récit) sous la formulation plus générale : un chef peut avoir ses exigences sur le travail et donner des directives.

Nous regrouperons enfin les postulats 6 (premier récit) et 5 (deuxième récit) sous la formulation plus générale : l'apprentissage du travail par les employés se fait à partir des remarques critiques des supérieurs.

Cette vision commune du supérieur hiérarchique nous permet enfin de remonter à quelques valeurs constitutives de la mentalité, valeurs que l'on pourrait formuler ainsi :

Respect de l'autorité dans ses droits d'évaluation, de contrôle, d'exigence et dans son utilité pour la formation du travail.

La recherche du cadre de référence. — C'est à l'analyse phénoménologique et structurale que j'emprunterai les éléments conceptuels qui fondent cette méthode.

Prenons comme exemple l'analyse des réponses faites par un jeune garçon à quelques planches d'un test projectif (le TAT).

Récit obtenu à la planche n° 1. — (La gravure représente un petit garçon assis à une table, l'air songeur, la tête entre les mains, devant lui sur le bureau un cahier de musique et sur le cahier un violon.)

« C'est un petit garçon qui s'appelle Paul. Il aime beaucoup la musique. Il est devant son violon, un peu pensif. Il rêve à l'avenir. Il se voit dans une grande salle de théâtre, de concert, où se trouvent des quantités de spectateurs qui l'applaudissent. Il voit toute sa carrière très belle. Seulement, il est un peu découragé parce qu'il doit étudier sa musique. Et il n'a pas encore appris. Son maître ne veut pas qu'il aille trop vite, qu'il apprenne trop de choses à la fois. Mais il voudrait bien réaliser son rêve... Il réalisera son rêve car il va persévérer. Il apprendra progressivement sa musique. Il apprendra à connaître tous les auteurs, à jouer convenablement, parce que maintenant il est tout petit, il a à peu près dix ans. Quand il sera grand, il pourra bien jouer parce qu'il aura appris tous les signes de la musique. Il aura beaucoup de succès parce que c'est un virtuose. Ses parents se sont aperçus qu'il avait des dons pour la musique. C'est pour cela qu'on va lui faire suivre des cours, qu'il apprend le violon qui est son instrument préféré. »

Récit obtenu sur la planche n° 2. — (Une personne, de dos, assise par terre, appuyée sur quelque chose.)

« Cette planche représente une porte ouverte. Une jeune fille s'y appuie, ou plutôt une femme. Elle a l'air très triste, la tête dans une de ses mains, la main droite. Elle pleure parce que son petit garçon est malade, parce qu'elle est désespérée. Son mari l'a quittée, elle est toute seule dans la vie. Elle doit travailler et elle ne peut pas payer le médecin parce qu'elle n'a pas assez d'argent, mais, après un moment de désespoir, elle va se reprendre. Elle va travailler elle-même. Elle mettra son bébé qui sera guéri à la crèche, elle devra payer sa pension, elle travaillera. Par son courage, elle pourra élever son petit garçon et son mari qui aura été malheureux de l'avoir quittée reviendra et la vie à trois reprendra. »

Récit obtenu à la planche n° 3. — (Sur l'image, au premier plan et en gros plan, un homme et une femme. L'homme a la tête et le haut du corps détournés de la femme. Le regard est fixé ailleurs. La femme le tient par les épaules et le regarde. A l'arrière-plan estompé, on aperçoit une autre femme.)

« La planche représente deux fiancés. La jeune fille a l'air de supplier son fiancé parce qu'il veut partir à la guerre, en Corée. Il va partir. Il est résolu et il part. Elle l'aime beaucoup et pour veiller un peu sur lui, elle, qui était prête à se marier et qui commençait des études d'assistante sociale continuera et puis reprendra la branche d'infirmière. Elle va aussi s'engager dans l'armée pour la Corée et va essayer de le sauver s'il est blessé. Elle a son diplôme. Elle l'a eu et alors une lettre lui est parvenue disant que son fiancé était mort. Elle est partie pour la Corée avec son uniforme d'infirmière et là elle s'est mise à sa recherche. Il n'est pas mort. On lui avait donné de faux renseignements. Mais il est très grièvement blessé et elle va forcer un médecin à faire une opération chirurgicale très grave, mais elle va le sauver grâce à son courage parce qu'elle a une très grande volonté et c'est elle qui le sauvera véritablement.

Alors, en reprenant connaissance, il verra sa fiancée auprès de lui et il réalisera ce qu'il a fait et il reviendra et il ne partira jamais plus et ils continueront leur vie ensemble qui avait si bien commencé et qui avait été divisée par cette volonté d'aller se battre, d'aller au front. Ils reviendront tous les deux, se marieront et jamais plus il ne pensera à aller à la guerre. Il vivra pour sa femme maintenant. »

Ici, on voit d'abord que tous ces récits ont une issue heureuse (acte final) ; on voit que chaque fois le héros est, au départ, aux prises avec des difficultés dues le plus souvent à l'abandon affectif (premier acte) ; on voit que, toujours, ces difficultés de départ sont aggravées par les institutions sociales extérieures (deuxième acte) ; on voit ensuite que, chaque fois, le héros triomphe grâce à son courage et à sa ténacité (troisième acte) ; on voit enfin aussi qu'après ces épreuves le héros a ses qualités reconnues par son entourage immédiat (quatrième acte).

Ici donc, le sujet nous dit trois fois la même chose : « La vie n'est pas facile actuellement et je suis assez démuni devant ce qui peut arriver. Mais j'ai certaines capacités et avec du courage et de la ténacité, je surmonterai tout cela, et je réussirai ma vie affective et professionnelle. »

On voit donc parfaitement apparaître son cadre de référence :

— la vie est difficile et j'ai des moments de découragement ;
— j'ai des capacités ;
— avec de la volonté et de la ténacité ;
— je m'en sortirai et réussirai ma vie.

La méthode a été appliquée avec succès sur les contes populaires d'une époque historique pour en tirer la mentalité de l'époque où la « morale » des populations qui ont créé ces traditions orales (cf. A. Mucchielli, 1983).

VI. — Conclusion

Les méthodes que nous avons passées en revue sont avant tout des méthodes qualitatives qui utilisent quelquefois, ensuite, une quantification.

La quantification ne peut d'ailleurs intervenir que sur des bases qualitatives solides. En analyse de contenu, il ne sert à rien de « comptabiliser » si les éléments de sens de l'analyse sont mal déterminés. De même des « statistiques » faites sur des réponses à un questionnaire sont sans signification si, au départ, les questions sont mal posées.

Ces méthodes qualitatives sont délicates, elles demandent une réelle compétence qui ne peut être le fruit que d'un long entraînement. Aussi sont-elles souvent dénaturées et réduites le plus souvent à la mise en œuvre de l'intuition.

Cette intuition peut être réduite à sa plus simple expression en ce qui concerne, par exemple, l'observation. Il s'agit alors pour le « connaisseur » de repérer un signe ténu et connu de lui seul, qui révèle indubitablement la mentalité de l'acteur observé. A partir de telles « méthodes », toutes les interprétations sont alors possibles. Combien d'ouvrages sur les mentalités explicitent vraiment la méthodologie qu'ils utilisent !

CONCLUSION GÉNÉRALE

On peut effectivement penser avec des sociologues comme Simmel ou Dahrendorf que l'essence même de la société est le conflit. Le conflit trouvant son origine dans la compétition pour les choses rares ou dans la diversité des intérêts.

Si la « société d'abondance » atténue les conflits dus à la rareté (bien que le rêve du partage égalitaire de toutes les raretés soit utopique et constitue un des mythes de la société industrielle), cette même « société d'abondance » accentue les échanges et les confrontations entre les groupes et les individus. Ce qui caractérise en effet la société contemporaine, dit Bell (1976), est la communication entre les hommes car on ne travaille plus face à la nature ou face aux machines, mais face à autrui et les loisirs permettent de développer des contacts divers.

Si le rêve d'une société égalitaire est utopique, le rêve d'une société au consensus idéologique l'est également. Dans une société complexe les différences de mentalités sont inévitables. Ces différences sont une source permanente de frictions et de conflits car la vie elle-même est, pour chaque acteur social, tension et effort pour tenter de réaliser ses propres valeurs. Le rêve d'une société de consensus de valeurs ne peut donc mener qu'à une société totalitaire.

La politisation des décisions, sur le plan économique comme sur le plan culturel, multiplie nécessairement les occasions d'affrontement entre les groupes de mentalités différentes. La question clef pour une société complexe est alors de savoir si l'on peut trouver un ensemble de normes communes aux différents groupes qui la composent, valeurs qui puissent inspirer une politique. A ce propos les valeurs « individualisme » et « équité » piègent les sociétés occidentales dans des contradictions insurmontables (contradiction entre leur réalisation commune, contradictions avec les exigences des dépendances et des hiérarchisations complexes de ces sociétés). La crise de la civilisation occidentale est bien une crise des valeurs.

Les sociétés occidentales sont également piégées par les valeurs constitutives de leur mentalité rationnelle et scientifique.

L'esprit scientifique fondé sur le doute, l'examen critique, l'expérimentation, la comparaison, l'examen d'hypothèses, la recherche et la découverte de faits nouveaux... crée une attitude de mise à distance et de curiosité tolérante. Le relativisme et les tendances au désengagement sont aussi le résultat de cette mentalité générale à laquelle participe la grande masse des Occidentaux normalement acculturés.

Rationalité, esprit critique, tolérance, désengagement, respect de l'homme forment un noyau de valeurs qui paralysent toutes les actions défensives contre les attaques des fanatiques de l'intérieur (terrorismes armés ou idéologiques) comme des fanatiques de l'extérieur (sociétés totalitaires, agressives, idéologiques ou religieuses).

Oui, si elles ne se sortent de ce piège, les démocraties occidentales sont condamnées à mort (J.-F. Revel, 1983). Elles ne peuvent se sauver, comme l'explique Soljénitsyne (1978), qu'en retrouvant leur « courage », c'est-à-dire en reconsidérant la valeur « désengagement » et en acceptant la lutte pour défendre leurs valeurs, en remettant au goût du jour les slogans révolutionnaires du type :

« Pas de liberté pour les ennemis de la liberté. »

« Pas de pitié pour les sans-pitié. »

« Pas de tolérance pour les fanatiques. »...

...

L'espoir utopique que les « systèmes souples » des mentalités occidentales absorbent et récupèrent les divers éléments destructeurs qui les sapent apparaît comme une ultime rationalisation destinée à préserver le désengagement.

BIBLIOGRAPHIE SOMMAIRE

Ariès Ph., Histoire des populations françaises, Seuil, 1971.
— L'enfant et la vie familiale sous l'Ancien Régime, Seuil, 1973.
— Essais sur l'histoire de la mort en Occident, Seuil, 1975.
Aron R., Les désillusions du progrès, Calmann-Lévy, 1969.
Balandier G., Sociologie actuelle de l'Afrique noire, PUF, 1967.
— Anthropologie politique, PUF, 1967.
— Sens et puissance, PUF, 1971.
— Anthropo-logiques, PUF, 1974.
Bandura A., L'apprentissage social, trad. franç., P. Mardaga, 1980.
Bastide R., Anthropologie appliquée, Payot, 1971.
Beachler J., Qu'est-ce que l'idéologie ?, Gallimard, 1971.
Bell D., Vers la société postindustrielle, trad. franç., R. Laffont, 1976.
— Les contradictions culturelles du capitalisme, trad. franç., PUF, 1978.
Cathelat B., Les styles de vie des Français, 78-98, Stanké, 1977.
Chatelet F., Mairet G., Les idéologies, 3 t., Hachette, Marabout U., 1978.
Chaunu P., La mémoire et le sacré, Calmann-Lévy, 1978.
Crozier M., Le mal américain, Fayard, 1980.
— On ne change pas la société par décret, Grasset, 1979.
Decouflé A., Sociologie de la prévision, PUF, 1976.
Dissertori B., La psychiatrie sociale, trad. franç., Ed. ESF, 1968.
Domenach J.-M., Enquête sur les idées contemporaines, Seuil, 1981.
Duby G., Mandiou R., Histoire de la civilisation française, 2 t., Armand Colin, 1968.
Duby G., Wallon A., sous la dir., Histoire de la France rurale, 4 t., Seuil, 1976.
Dufrenne M., La personnalité de base, PUF, 1953.
Dumazedier F., Sociologie empirique du loisir, Seuil, 1974.
Durkheim E., Education et sociologie, Alcan, 1922.
Elias N., La société de Cour, Calmann-Lévy, 1974.
Ellul J., Propagandes, A. Colin, 1962.
Erickson E., Enfance et société, trad. franç., Delachaux & Niestlé, 1966.
Fourastié J., Le grand espoir du XXe siècle, PUF, 1952.
— Les trente glorieuses, Fayard, 1979.
Fourastié J., Bazil B., Le jardin du voisin, les inégalités en France, Librairie Générale, 1980.
Freund J., Sociologie du conflit, PUF, 1983.
Fromm E., L'homme pour lui-même, Ed. ESF, 1967.
Galbraith J. K., Théorie de la pauvreté de masse, Gallimard, 1980.
Hagen E., On the theory of social change, Dorsey Press, 1962.
Hesnard A., L'univers morbide de la faute, PUF, 1949.
Kardiner A., L'individu dans sa société, trad. franç., Gallimard, 1969.

Khellil M., L'exil kabyle, L'Harmattan, 1979.
Lacroix J., Le désir et les désirs, PUF, 1975.
Laing R.-D., La politique de la famille, Stock, 1968.
Lévy-Leboyer C., L'ambition professionnelle et la mobilité sociale, PUF, 1971.
Linton R., De l'homme, trad. franç., Ed. de Minuit, 1968.
— Le fondement culturel de la personnalité, trad. franç., Dunod, 1968.
Mead G. H., L'esprit, le Soi et la Société, trad. franç., PUF, 1963.
Mead M., Le fossé des générations, trad. franç., Denoël-Gonthier, 1971.
— L'un et l'autre sexe, trad. franç., Denoël-Gonthier, 1975.
Mucchielli A., L'analyse phénoménologique et structurale en sciences humaines, PUF, 1983.
— Les mentalités, analyse et compréhension, Ed. ESF et EME, 1984.
Ogburn W. F., On culture and social change, Dudleu Duran ed., Un. Chicago Press, 1964.
Parsons T., The social system, New York, The Free Press, 1964.
Rivière C., L'analyse dynamique en sociologie, PUF, 1978.
Rocher G., Introduction à la sociologie générale, t. 3 : Le changement social, Ed. HMH, 1968.
Rougerie G., Les cadres de vie, PUF, 1975.
Sainsaulieu R., Les relations de travail à l'usine, Ed. d'Organisation, 1972.
Sargant W., Physiologie de la conversion religieuse et politique, PUF, 1967.
Simmel G., Métropole et mentalité, *in* L'école de Chicago, Ed. du Champ urbain, 1979.
Stéphane A., L'univers contestationnaire, Payot, 1969.
Stoetzel D., Théorie des opinions, PUF, 1943.
Talese G., La femme du voisin, Julliard, 1980.
Tchakhotine S., Le viol des foules par la propagande politique, Gallimard, 1952.
Weber M., L'éthique protestante et l'esprit du capitalisme, trad. franç., Plon, 1952.
Zeldin T., Histoire des passions françaises, 5 t., Ed. Recherches, 1979.
— Les Français, Fayard, 1983.

TABLE DES MATIÈRES

Imprimé en France
Imprimerie des Presses Universitaires de France
73, avenue Ronsard, 41100 Vendôme
Mars 1985 — N° 30 578